TSIMTSOUM

« *Spiritualités vivantes* »

DU MÊME AUTEUR

Chez Albin Michel

Tsimtsoum. Introduction à la méditation hébraïque, coll. Spiritualités vivantes, 1992.
Le livre des prénoms bibliques et hébraïques, avec Dory Rotnemer, 1993 ; rééd. coll. « Espaces libres ».

Chez d'autres éditeurs

Le Livre brûlé. Lire le talmud, Lieu commun, 1986 ; nouv. éd., coll. Points-Sagesses, Seuil, 1993.
Lire aux éclats. Éloge de la caresse, Lieu commun, 1989 ; nouv. éd., coll. Points-Sagesse, Seuil, 1994.
Concerto pour quatre consonnes sans voyelles, Balland, 1991.
Méditations érotiques. Essai sur Emmanuel Lévinas, Balland, 1992.
Bibliothérapie. Lire c'est guérir, Seuil, 1994.
Les Voyelles du désir (avec des calligraphies de F. Lalou), Fata Morgana, 1995.
Symboles du judaïsme (avec des photos de L. Hamani), Assouline, 1995.
Le Colloque des anges (avec des calligraphies de F. Lalou), Fata Morgana, 1995.
La Plus Belle Histoire de Dieu (avec J. Bottero et J. Moingt), Seuil, 1997.
Les Mystères de l'alphabet, Assouline, 1997.

En collaboration avec Dory Rotnemer

À toi je donne mes histoires, Gallimard jeunesse, 1994.
Le Promeneur de Jérusalem, Ramsay, 1995.
La Bible de l'humour juif, t. I, Ramsay, 1995 ; t. II, Ramsay, 1997.

MARC-ALAIN OUAKNIN

TSIMTSOUM

Introduction à la méditation hébraïque

ALBIN MICHEL

Albin Michel
Spiritualités

Collections dirigées
par Jean Mouttapa et Marc de Smedt

22, rue Huyghens 75014 Paris

www.albin-michel.fr

ISBN : 2-226-06091-X
ISSN : 0755-1835

Je dédie ce livre à mon grand-père et mes grand-mères maternels
Charles-Eliakoum Ehrlich
Irma-Guittel Ehrlich (née Josef)
Alice-Hava Ehrlich (née Nordman)

Ce livre est aussi dédié
à mon arrière-grand-père maternel
Raphaël Josef, déporté du Luxembourg en 1942
et mort à Theresienstadt
à sa fille Hélène Josef et son mari Max Cohn,
déportés le 23 avril 1942 d'Allemagne à Izbica
et assassinés à Belzec ou Sobibor
à son petit-fils Georges Josef, fils de Bernard
et Marthe Josef, fusillé à Cueno par les fascistes
italiens, le 26 mars 1945 à l'âge de 23 ans.

Les lettres et les mots sont comme des pierres...
Que ce livre aide à construire les pierres du souvenir pour tous les morts sans sépulture, victimes de la barbarie des nazis et de leurs trop nombreux complices...

Avant-propos

Nous proposons dans ce livre un aspect peu connu et pourtant fondamental de la mystique juive : la pratique de la méditation.

Cette approche du judaïsme a tellement été occultée et refoulée qu'elle apparaît aux yeux des spécialistes comme un délire ou une hérésie. Et pourtant, il existe bien une mystique méditative dont le représentant le plus connu est sans doute Rabbi Abraham Aboulafia (1240-1292) qui nous a légué de nombreux traités sur le sujet.

Pour s'initier à l'œuvre d'Aboulafia, on consultera les travaux et recherches de Moshé Idel, successeur de Gershom Sholem de la chaire de Cabale à l'université hébraïque de Jérusalem. On lira en particulier, de cet auteur, *L'Expérience mystique d'Abraham Aboulafia*, paru aux éditions du Cerf, en 1989[1].

En fait, la méditation hébraïque se rencontre déjà au Ier siècle à l'aube de la période talmudique. Elle parcourt les siècles discrètement, transmise de maître à disciples dans un secret quasi absolu.

Les *hassidim* (« hommes pieux ») de l'Allemagne médiévale, sous la conduite de Rabbi Yéhouda le Pieux, ont beaucoup développé et pratiqué des exercices de méditation, souvent centrés autour de la récitation combinatoire des Noms de Dieu.

Signalons au passage que c'est dans ce milieu hassidique allemand que s'est développée la légende du Golem, créature d'argile animée par le souffle des forces de la prière, de l'étude et de la méditation. Cette idée d'un pouvoir magique et de l'efficacité des noms mystérieux de Dieu pouvant donner vie à une créature doit être comprise comme une expérience particulièrement sublime, éprouvée par le mystique absorbé dans les mystères des combinaisons alphabétiques décrites dans le *Livre de la formation*.

Il semblerait ainsi que, dans la conception originelle, le Golem n'était animé que pendant l'extase de son créateur. Ce fut plus tard que la légende attribua au Golem une existence extérieure à la conscience extatique.

Notre interprétation du Golem est à la fois différente et proche de ces conceptions. Le Golem n'est pas une autre créature nouvelle, mais l'homme lui-même qui devient animé par une énergie vitale insufflée par la force de la combinaison du langage et des lettres du Nom divin.

En fait, originellement, le Golem ne désigne pas cette créature magique douée de pouvoirs surnaturels. Le mot *Golem* désigne à l'inverse un tas de terre glaise ou d'autre matière informée ; matière animée dans laquelle doit être introduit le souffle de la vie, de l'âme et de l'esprit.

Le Golem, c'est donc un corps, une statue inerte qui attend la vie.

L'homme est inscrit dans cette « dialectique du Golem », alternance entre une existence sans vitalité fondamentale et une vie complètement énergétisée par le mouvement dynamique d'un projet porté par le langage en constant mouvement.

Nous aurions pu, pour présenter la méditation hébraïque, reprendre les grands textes de la mystique méditative et proposer une anthologie qui, commençant avec la vision du prophète Ezéchiel (-VIIe siècle), se serait terminée avec le *Traité sur l'agitation de l'âme* de Rabbi Aarone Roth (Hongrie, 1894-1944), en passant par des pages du Talmud, de Maïmonide (Espagne 1135-1204), de Rabbi Eleazar de Worms (Allemagne, 1165-1230), du Zohar (XIIIe siècle), des méditations mystiques d'Abraham de Grenade (XIIIe siècle), de Rabbi Isaac Louria et Rabbi Hayyim Vital (1542-1620), de Moshé Hayyim Luzzato

(1707-1746), de Rabbi Shalom Sharabi (1720-1777), du Baal Chem Tov (1700-1750), des lettres sur l'extase de Rabbi Dov Baer de Loubavitch (1773-1827), de Rabbi Isaac Eizik de Komarno (1806-1879)[2].

Nous avons préféré aborder la méditation hébraïque à partir d'un courant du judaïsme qui l'a beaucoup pratiquée et développée. Il s'agit du hassidisme polonais, fondé par la figure légendaire du Baal Chem Tov, le Maître du Bon Nom.

Comme le dit très justement Sholem, « le hassidisme est la dernière phase de l'évolution de la mystique juive » et, bien que nous ne puissions pas nous identifier entièrement à ce mouvement, nous sommes les héritiers de son esprit et de ses méthodes.

Le mouvement hassidique comprend lui-même divers courants. Nous avons depuis de nombreuses années suivi et enseigné la philosophie hassidique de Rabbi Nahman de Braslav (1772-1810), arrière-petit-fils de Baal Chem Tov qui, plus que tout autre, a développé la méditation sous le nom générique de *Hitbodédout*[3].

Après une longue expérimentation de la pratique méditative, nous sommes arrivés à la conclusion que des exercices de technique de méditation non accompagnés d'une constante étude des textes de la Tradition — Bible, Talmud, *Zohar*, etc. — menaient très rapidement à un dessèchement de l'esprit et de la méditation elle-même. L'étude est le moteur de la méditation, même si cette dernière peut ne pas être en soi une étude.

De ce fait, ce livre est divisé en trois parties distinctes, chacune ayant besoin des autres pour faire résonner toutes les harmoniques de chaque sujet.

La première partie, intitulée « Voyages d'une étincelle », expose brièvement les fondements historiques du hassidisme, ses origines dans la Cabale de Rabbi Isaac Louria et dans l'aventure du faux messianisme de Shabataï Tsevi. Chemin faisant, sont exposés les thèmes fondamentaux de la Cabale de Louria qui ont offert au hassidisme le noyau philosophique et théologique de sa vision du monde...

Elle s'ouvre par une réflexion plus générale sur le sens du hassidisme — pour nous — aujourd'hui.

Il faut se garder de tomber dans le piège d'assimiler le hassidisme à l'orthodoxie telle que celle-ci s'exhibe aujourd'hui, car le hassidisme est à l'opposé de cette orthodoxie-orthopraxie, bien que les adeptes du mouvement hassidique soient aussi pratiquants des rites du judaïsme.

On peut être hassid sans entrer dans la catégorie sociologique du mouvement hassidique, et être inspiré par la pensée du hassidisme, ce qui est le cas par exemple de Martin Buber, Abraham Yehochoua Heschel, Elie Wiesel, Haïm Potok, et, de façon plus indirecte, de Kafka, voire de Woody Allen.

La culture juive contemporaine ne peut pas ignorer l'apport du hassidisme qui a renouvelé le souffle de la pensée et de la pratique — art et musique y compris — du judaïsme.

La seconde partie du livre, « La sagesse dansante du hassidisme », est consacrée à l'art de la lecture. Le hassidisme, comme la Cabale et le Talmud [4], c'est d'abord un art très particulier de la lecture et de l'interprétation des textes. Étude existentielle en laquelle l'homme s'invente au fur et à mesure qu'il invente de nouvelles significations d'être. *Homme nouveau dans une tradition du nouveau.*

Ce que nous proposons dans cette seconde partie s'applique à tous les grands textes hébraïques. Il y a un « art de la lecture » qui est d'abord une *pratique déconstructive* dont la finalité est la mise en mouvement du langage pour permettre à l'homme de s'inscrire dans un incessant dynamisme de signification.

Les conséquences de cet « art de la lecture » sont multiples : philosophiques, politiques et thérapeutiques. La lecture, comme interprétation et mise en place des conflits d'interprétations, fait sortir de la logique et de la vérité et introduit à une logique du sens ou à la « sagesse de l'incertitude » qui, comme le disait Kundera à propos du roman [5], est la marque de la modernité. D'un point de vue politique, cela fait obstacle aux idéologies qui sont toutes fondées, même pour celles qui sont de bonne foi, sur l'illusion de posséder la vérité.

L'« art de la lecture » que nous proposons se résume dans la formule « lire aux éclats [6] », c'est-à-dire éclatement de ce qui est *définitif* pour s'ouvrir à l'*infinitif*. Recherche d'un au-delà de l'« identité enfermée en soi », incapable d'aller sur les voies du futur.

L'« art de la lecture » est une méthode qui ouvre et libère.

La grande spécificité des textes hébraïques est ce travail incessant sur le langage, métalangue d'une métalangue [7] ; le but n'est pas de comprendre mieux, mais d'être pris dans le rythme de la vie, énergie constamment en mouvement, porté par le rythme du langage [8].

Au cours de nos recherches sur cet « art de la lecture » et dans la mise en pratique de ces méthodes d'interprétation, nous avons analysé l'impact que ces interprétations et que le processus d'interprétation lui-même produisaient sur les auditeurs et les co-interprètes. Nous avons constaté, sans ambiguïté possible, un effet d'ouverture, de dénouement, de soulagement et en même temps de dynamisation. En un mot, la méthode du « lire aux éclats » nous a fait découvrir les effets thérapeutiques de la lecture et de l'interprétation.

Ainsi, il est possible de parler littéralement de « bibliothérapie » qui signifie précisément la guérison par le livre.

Nous pensons qu'une des fonctions essentielles du texte biblique, talmudique et midrachique est de produire un ensemble de narrations mythiques, c'est-à-dire qui ont la force de structurer dialectiquement et dynamiquement une identité, que l'on appellera précisément « identité narrative [9] ».

Sans entrer dans les détails complexes de cette méthode thérapeutique qui fait l'objet d'un ouvrage à paraître très prochainement, nous avons voulu montrer, dans la troisième partie de ce livre, les grandes lignes du rapport entre la méditation (étude, interprétation) et la santé.

Cette troisième partie s'intitule « Corps et graphie » car

nous mettons en évidence à partir des textes de la mystique hébraïque un rapport entre le corps et les lettres de l'alphabet hébraïque, entre le corps et le langage d'une manière générale.

L'homme n'est pas homme en fonction d'une « nature » humaine, mais grâce à un dépassement, à une négation de cette nature qui ne mène pas au néant mais à une sur-nature qui fonde l'humain et la personne en tant qu'être responsable de sa liberté [10].

Ce dépassement et l'accession à cette sur-nature est essentiellement possible par le langage. Mais il n'y a pas que la bouche qui parle. L'homme en son entier, « corps-âme-esprit », émet constamment des signes langagiers qui médiatisent son rapport au monde et à la vie.

Le leitmotiv de la méditation issue de la tradition hébraïque est : « un langage en mouvement pour un être en mouvement ».

C'est dans cette perspective que la méditation hébraïque prend tout son sens, puisqu'il s'agit de méditer, vocaliser, respirer, aux rythmes des mouvements du langage qui se fait et se défait de façon incessante.

Pour ce faire, nous avons approfondi la structure élémentaire de la langue et de l'écriture hébraïques fondée sur le *point*, la *ligne* et le *plan*.

Les exercices que nous présentons à la fin du livre ne peuvent être réussis et pratiqués que sur la base d'une bonne connaissance de l'aspect théorique que nous présentons dans un premier temps. Ils sont simples et à la portée de tous. Ils ne font pas intervenir de savoir préalable en dehors de la connaissance parfaite des lettres de l'alphabet hébraïque.

Précisons-le encore une fois : aucune pratique de la méditation n'est possible sans une étude constante qui pourra en dynamiser le contenu.

L'ensemble des données théoriques que nous présentons doit permettre au lecteur de créer lui-même ses propres exercices selon le modèle esquissé dans les exercices de base que nous avons exposés.

Terminons cet avant-propos en expliquant le sens du titre de ce livre : *Tsimtsoum*, mot hébreu, du verbe *letsamtsem* qui signifie « contracter », « concentrer ».

Il s'agit de la contraction de la lumière divine à l'origine de la possibilité même du monde. Le *Tsimtsoum*, dont la théorie depuis Rabbi Isaac de Louria constitue toute une partie spécifique de la mystique juive, désigne pour nous le modèle de l'être en mouvement, sortant du principe d'identité pour laisser place à l'altérité d'autrui et l'altérité de soi.

Le *Tsimtsoum* est donc à la fois ontologique, existentiel, anthropologique et sociologique.

C'est le hassidisme, et plus particulièrement Rabbi Nahman de Braslav, qui a fait passer le concept du *Tsimtsoum* de la dimension cosmogonique à une dimension ontologique existentielle [11].

Une image : Dieu se retire de lui-même, en lui-même, pour laisser place à l'Autre, à la création et à la créature. Capacité matricielle de Dieu ou *Rahmanout*, de *Réhem* en hébreu, « matrice » — dont les lettres écrivent aussi le mot *Mahar* qui veut dire « demain ».

Le *Tsimtsoum* n'est pas un état définitif de l'Être. Dans le retrait, la Création et la créature sont pris dans un mouvement de reconquête de tout l'espace vide, pour reconstruire une totalité.

Entropie de l'être créé à qui la parole divine doit instaurer la limite par un cri : *Daï*, « Ça suffit ».

Parole de limite qui en retour va nommer Dieu se limitant lui-même, sous la forme du Nom *Chadaï*, contraction de l'expression *chéamar leolamo daï* : « celui qui a dit à son monde ça suffit ».

Le retrait du *Tsimtsoum* met en place après la création un espace d'« entre-deux » entre la créature et le créateur qui aura tendance à se détruire au profit d'une réunification mortifère par l'annulation de l'un ou de l'autre.

Erreur de la recherche du Nirvana où tout l'être de l'homme est inclus dans la totalité du divin.

Erreur du panthéisme où tout le divin est annulé dans l'immanence radicale en la création.

Le *Tsimtsoum* est création de distance, de la religion

proprement dite comme séparation, comme transcendance.

Paradoxe : « On peut appeler athéisme cette séparation si complète que l'être séparé se maintient tout seul dans l'existence sans participation à l'être dont il est séparé — capable éventuellement d'y adhérer par la croyance » (Lévinas).

Le *Tsimtsoum* rend possible une relation entre l'être ici-bas et l'être transcendant qui n'aboutit à aucune communauté de concept, ni à aucune totalité, « relation sans relation » qui est la religion même.

Le *Tsimtsoum*, c'est l'impossibilité de toute totalité. Du Moi par rapport à lui-même, et du Moi se totalisant avec un autre, Autrui ou Dieu.

L'« être tsimtsoumé », si on peut se permettre ce néologisme, est un être non total, qui entend le cri intérieur ou extérieur du *Daï*, du « Ça suffit ». Cri qui résonne à chaque fois que l'équilibre fragile du *Tsimtsoum* risque d'être rompu.

Ainsi le *Tsimtsoum* devient pour nous la modalité même de l'être et du monde ouverts à l'infinitif de la vie...

MARC-ALAIN OUAKNIN
Paris, le 8 juillet 1992

PREMIÈRE PARTIE

VOYAGES D'UNE ÉTINCELLE

Le sage recherche la sagesse, le sot l'a trouvée.

G.C. Lichtenberg.

CHAPITRE I

Le hassidisme aujourd'hui

« Lorsque le Baal Chem Tov, Maître du Bon Nom et fondateur du hassidisme, avait une tâche difficile devant lui ou voyait qu'un malheur se tramait contre le peuple juif, il allait se recueillir à un certain endroit dans la forêt ; là, il allumait un feu, méditait en prière et ce qu'il avait décidé de réaliser devenait possible : le miracle s'accomplissait, le malheur était révoqué.

Une génération plus tard, lorsque son disciple, le Maguid de Mézéritch, devait intervenir auprès du Ciel pour les mêmes raisons, il se rendait au même endroit dans la forêt et disait : "Maître de l'Univers, prête l'oreille. Je ne sais plus comment allumer le feu, mais je suis encore capable de dire la prière."

Et le miracle s'accomplissait encore une fois.

Dans la génération d'après, le Rabbi Moché lev de Sassov, pour sauver son peuple, allait lui aussi dans la forêt et disait : "Je ne sais pas comment allumer le feu, je ne connais plus la prière, mais je me souviens de l'endroit, cela devrait suffire."

Et cela était suffisant.

Puis, ce fut le tour de Rabbi Israël de Rijine d'écarter la menace. Il s'asseyait dans son fauteuil doré au cœur de son château, se prenait la tête entre les mains et s'adressait à Dieu : "Maître du Monde, je suis incapable d'allumer le feu, je ne connais pas la prière, je ne peux même plus retrouver l'endroit dans la forêt. Tout ce que je sais faire, c'est raconter cette histoire, cela devrait suffire."

Là encore, le miracle s'accomplissait... [1] »

Et à notre tour, nous sommes là, devant la responsabilité infinie de continuer à transmettre l'étincelle, le feu du récit, l'histoire du récit.

La ville a remplacé la forêt, une bibliothèque est devenue notre château, mais le hassidisme est toujours vivant.

Nous sommes tous des enfants, des petits-enfants et des arrière-petits-enfants du Baal Chem Tov, de ce Maître du Bon Nom, Rabbi Israël, fils d'Eliezer qui nous a enseigné que l'homme n'existait pas mais qu'il devait s'inventer. C'est cela, le hassidisme.

Le hassidisme n'est pas une doctrine mais une force, un souffle qui rappelle sans cesse à l'homme que sa perfection réside dans sa perfectibilité.

Certes, le hassidisme a une histoire. Un commencement, une évolution, une littérature, un folklore. Mais sa force réside dans la vie et non dans ce qui pourrait devenir son idéologie. Le Baal Chem Tov ne changea pas seulement la pensée, mais le climat et la qualité de l'existence juive.

Sans lui et ses paroles, sans lui et ses chants, sans ses disciples et la puissance de leur appel, sans le vertige de la danse de la pensée et du corps, que serait devenu le judaïsme ?

Le hassidisme n'est pas un phénomène exclusivement « religieux ». C'est une manière d'être, caractérisée par un surcroît de vitalité et de vivacité.

Le hassidisme, c'est la joie de vivre et l'enthousiasme de réaliser ; c'est la merveille de sentir la vibration continue du monde, que toute chose a un sens, qu'il n'y a pas de « zone d'indifférence », qu'il n'y a pas de temps mort.

Le hassidisme est à proprement parler une ouverture vers le monde, Dieu et les hommes.

Amour de l'Autre, respect de sa différence, de son visage.

C'est parce que le hassidisme n'est ni une doctrine ni un ensemble de pensées et de gestes pétrifiés qu'il peut faire obstacle à tous les dogmatismes et toutes les idéologies au nom desquels sont perpétrées des violences, manifestations de la bêtise et de la méchanceté humaines.

Voltaire et Rousseau, Kant et Goethe, Mozart et Goya, Danton et Robespierre sont tous contemporains du Baal Chem Tov.

Mais la Musique, la Littérature, la Politique et la Philosophie, même quand elles furent portées à leur plus haute expression, n'ont pas su empêcher la dérive, la décadence de l'homme occidental et sa chute dans la barbarie.

Ce n'est pas Dieu qui est mort à Auschwitz, c'est l'homme.

Le hassidisme est la vigilance critique face à la haine.

Ce n'est pas l'amour du prochain qui n'existerait que dans une formule littéraire. C'est la rencontre, le face-à-face concret où l'homme apprend à connaître l'autre homme pour le respecter dans sa différence. Car qu'y a-t-il de plus meurtrier que le mensonge et l'ignorance ?

Le hassidisme n'est pas un passéisme dénué de sens.

> « L'observateur obnubilé par ses préjugés, dans son esprit paresseusement schématique, verra dans la silhouette hassidique un naufragé qui absurdement se cramponne encore au radeau de son passé [2]. »

Non, le hassidisme n'est pas une antiquité. C'est vrai, des milliers, voire des millions de hassidim sont morts, mais le hassidisme ne s'est pas laissé assassiner.

Oui, c'est vrai, des hassidim de Braslav sont entrés en chantant dans les chambres à gaz : ils réussirent ainsi à prouver, au cœur de l'Enfer, qu'ils étaient restés des hommes jusqu'au bout, qu'ils ne s'étaient pas laissé défigurer, abaisser, pour ne pas mourir avant de mourir.

Non, décidément, le hassidisme n'est pas une antiquité ! Il existe et doit continuer à exister pour combattre la force des préjugés, pour combattre l'ignorance que nous avons des autres dans laquelle toute parole est déjà mensonge.

Nous voulons présenter ici les thèmes et variations de cette manière d'être et de penser qui, au sein du judaïsme, dans une tradition qui remonte au Talmud et qui s'est épanouie de façon plus radicale dans le hassidisme, a permis et permettra de lutter contre les illusions, préjugés et stéréotypes idéologiques.

Nous faisons nôtre ici cet impératif catégorique d'Adorno qui énonce qu'« exiger qu'Auschwitz ne se reproduise plus est l'exigence de tout enseignement [3]. » Même s'il semble que la barbarie s'inscrive dans le principe même de la civilisation, il ne faut surtout pas désespérer de vouloir s'y opposer.

Adorno pense cependant qu' « une information sur les qualités positives que possèdent les minorités persécutées ne servirait pas à grand-chose ». En un sens, il a raison car les minorités ne sont pas persécutées pour leurs qualités positives ou négatives. Ce n'est pas la Raison qui dicte les actes de démence.

La folie destructrice ne fait que déguiser sa violence avec les habits de la Raison.

Mais Rabbi Nahman de Braslav ne nous a-t-il pas enseigné qu'il ne fallait jamais désespérer, même de l'homme !

L'homme se doit de faire un retour sur lui-même pour prendre conscience et enrayer les forces aveugles qui le pousseraient à frapper dans tous les sens.

Le hassidisme continue à nous enseigner la vigilance critique pour éviter que l'homme soit prêt à jouer le « jeu du pouvoir » et à s'incliner extérieurement devant le plus fort, qu'on aurait tendance à ériger en norme.

Le sens du hassidisme aujourd'hui ?

Que nous nous souvenions de notre futur !

Urgence du présent et non une attitude maniaque qui érige la mémoire comme valeur première de notre comportement.

Auschwitz n'est pas seulement un lieu, c'est un symptôme et maintenant un symbole : « l'échec de l'humain » ! Le hassidisme, c'est la recherche au sein du judaïsme de ce qui pourra faire échouer le « principe d'Auschwitz ».

Redonner à l'homme son autonomie, la force de réfléchir, de se déterminer par soi-même, de ne pas jouer le jeu.

Partout où la conscience est mutilée, elle se replie sur le corps et la sphère du corporel et elle prend la forme extériorisée d'un acte de violence ou de gestes linguistiques d'une violence physique à peine contrôlée.

Le hassidisme est ainsi l'ensemble des modalités qui permettent à chacun de s'épanouir, de développer l'ensemble de ses capacités et de rencontrer la vocation unique dont il est porteur.

Le hassidisme est « expression » ! Mais s'il est joie et danse, expression d'un bonheur de vivre, il est aussi manifestation de douleur et d'angoisse.

Dire sa douleur et son angoisse, se permettre d'éprouver effectivement autant d'angoisse qu'en mérite la réalité du monde, c'est aussi déjà une manière fondamentale de déployer une plénitude de la conscience et d'éviter ainsi la plupart des effets destructeurs des angoisses non dites et recouvertes d'un pseudo-oubli.

On comprend pourquoi par exemple Rabbi Nahman de Braslav conseillait à ses élèves de consacrer un moment tous les jours à la possibilité de pleurer et d'exprimer ses propres malheurs et détresses [4].

Le hassidisme est par la joie et la douleur une lutte contre toute forme de violence.

Mais le hassidisme peut devenir mouvement et oublier sa vocation. En effet « les hommes qui s'insèrent aveuglément dans la collectivité se transforment eux-mêmes en quelque chose d'analogue à la matière inerte et se suppriment en tant qu'individus autodéterminés. Cela va de pair avec la tendance à traiter les autres comme une masse amorphe [5] ».

Mais le hassidisme vivant, conscient de la violence dont sont porteurs les groupes, met en place une éthique où ce qui est premier n'est pas la connaissance mais le respect du visage de chacun.

L'éthique du hassidisme : faire en sorte que l'inhumanité n'ait pas d'avenir ! Le hassidisme n'est pas seulement venu pour comprendre l'homme, mais pour le transformer, pour ouvrir l'homme replié sur lui-même, pour l'ouvrir à l'autre homme, à l'étranger.

Là encore le hassidisme crie tout haut l'enseignement d'Abraham : le *Héssed*, l'accueil de l'étranger.

Le hassidisme voit dans l'Autre, dans sa différence essentielle ce qui excite, stimule, et secoue.

L'Étranger est le miracle de la nouveauté qui peut par son surgissement faire sortir un individu, une société entière de son enlisement.

Par son apparition, l'Étranger est celui qui peut nous aider à devenir un arc tendu et non une branche coupée et flétrie.

Pour le hassidisme, l'Autre est ce qui rend possible l'« événement » ; l'Étranger, c'est aussi l'étrange, l'étrangeté, l'inconnu qui va faire naître le questionnement.

L'Autre dans son absolue étrangeté, c'est la découverte aussitôt remise en question ; c'est l'incertitude renaissante, mode selon lequel l'Autre homme peut passer parmi nous sans devenir « la vieille connaissance de ce monde »[6]. S'ouvrir à l'Étranger, c'est se donner la chance de se remettre en question, se donner la chance du Temps lui-même. L'hébreu le dit merveilleusement dans un mot qui signifie à la fois « inviter » et « produire le temps » : *lehazmine*[7].

Le hassidisme, c'est la conscience mise en question par le visage singulier et unique de l'Autre homme. Refus de voir dans un homme le simple échantillon identique de tous les autres hommes.

Le hassidisme, mise en question de la conscience et non pas seulement conscience de la mise en question.

Le hassid, l'homme hassidique, fait ainsi l'expérience de la perte de la souveraine coïncidence avec soi, de la perte du repos et de la complaisance de soi.

Cette expérience de la mise en question transforme incessamment l'être du hassid qui devient être de question, « homme-question » et non plus seulement un homme qui a des question, qui se pose des questions.

Comme le dit Edmond Jabès : « Le juif ne pose pas seulement des questions : il est lui-même devenu question. »

Dans le refus de tomber dans le temps « définitif » et pour préserver la grandeur du temps « infinitif », le hassidisme met l'accent sur la parole de questionnement, la mise en mouvement du sens contre le dogmatisme de la Vérité.

Le hassidisme renoue avec le questionnement qui est le fondement même de la pensée juive, déjà depuis l'époque talmudique.

L'interrogativité fondamentale mise en place par le hassidisme ne signifie pas qu'il n'y a pas de réponse. Il peut y en avoir, mais il faut faire une distinction entre deux catégories de réponses.

Répondre veut dire se situer dans une structure dynamique entre la question et la réponse.

La véritable réponse renvoie dans sa formulation même à la question qui la traverse, qui l'anime : réponse vivante.

Là où le hassidisme ne peut pas s'engager, c'est dans cette catégorie de réponses qui ne se réfèrent qu'à une question résolue. Cette dernière modalité de la réponse veut pouvoir se justifier par elle-même, systématiquement, non pas comme réponse, mais comme tissu de *jugements*.

Le jugement, c'est la réponse dont on évacue tout ce qui la constitue comme réponse, c'est-à-dire toujours et encore son rapport à la question. *Un jugement est une réponse orpheline de sa question.*

La réponse hassidique contient encore la force de la question, de la vie et du temps.

Le hassidisme restera ce qui nous a enseigné de manière fondamentale que la « tradition est la plus noble des libertés pour la génération qui l'assume avec la claire conscience de sa signification, mais qu'elle est aussi l'esclavage le plus misérable pour celui qui en recueille l'héritage par simple paresse d'esprit [8] ».

CHAPITRE II

Les origines du hassidisme

Le hassidisme est un mot qui vient de l'hébreu *hassid*, c'est-à-dire « homme porteur du *héssèd* ». Le *héssèd* dans la Bible a le sens d'un lien juridique ou moral entre des hommes associés. C'est une sympathie témoignée spontanément sans qu'une association préalable l'ait rendue naturelle ou nécessaire entre deux individus.

Le hassidisme dans son sens moderne, tel que nous le présentons, est la dernière phase du développement de la mystique juive [9]. C'est un mouvement religieux populaire qui s'est développé parmi les masses juives de Pologne et de Russie dès le début du XVIIIe siècle et qui persiste encore jusqu'à nous jours [10].

Dans la tradition juive, le mot *hassid* et son pluriel *hassidim* qui peut signifier « pieux » ou « dévot » a donné naissance par deux fois à un mouvement nommé « hassidisme ». Le premier se manifesta dans l'Allemagne médiévale [11]. Le second est le mouvement polonais et ukrainien des XVIIIe et XIXe siècles qui n'a strictement aucun rapport avec le premier, si ce n'est le nom.

Le présent ouvrage est essentiellement consacré au hassidisme moderne qui vit le jour en Volhynie dans le premier quart du XVIIIe siècle.

Il y a plusieurs histoires du hassidisme : celle qui l'a méprisé, celle qui l'a célébré et celle qui l'a ignoré. Certains y ont vu comme essentielle la dimension d'une révolution sociale, d'autres la réhabilitation de l'imaginaire et du rêve, d'autres encore une mutation et une vulgarisation de la Cabale de Safed de Rabbi Isaac Louria. C'est tout cela à la fois, car le hassidisme n'est pas un système

unique, ni une doctrine unique. C'est un courant religieux qui a eu de nombreuses expressions, chacune insistant sur tel ou tel point de façon privilégiée.

Naissance d'une mystique

Pour comprendre le hassidisme comme nouvelle période du judaïsme apparaissant dans un temps et un lieu bien déterminés, il faut analyser plusieurs paramètres, c'est ce que nous ferons dans les pages suivantes en étudiant les facteurs historiques et le paysage social et culturel de l'Europe de l'Est des années 1700-1750.

Nous avons commencé en disant : « Le hassidisme est la dernière phase du développement de la mystique juive [12]. » Qu'est-ce à dire ?

La naissance d'une mystique à un stade déterminé de l'histoire religieuse est liée à certaines conditions.

Quand les grandes religions naissent et se constituent, elles ne sont pas encore des religions mystiques. Elles sont au départ le résultat de situations sociales et religieuses qui cherchent à situer l'homme par rapport à Dieu, ou des dieux, qui permettent à l'homme de mesurer la distance qui le sépare du monde et de Dieu. La religion est le « chemin » qui aide l'homme à franchir l'abîme le séparant de l'Au-delà qu'il nomme Dieu. Ainsi naissent les préceptes, la foi et les prières.

Pourtant, les forces qui conduisent à la création des religions ne cessent pas d'agir une fois le « chemin » mis en place.

L'aspiration, le besoin de transcendance, de dépassement, de perfectibilité apparaissent comme enracinés dans la personnalité humaine, dans l'âme même de l'homme et ainsi la force de création religieuse continue de se manifester et d'agir après qu'un système religieux déterminé a été constitué !

La mystique naît quand les forces religieuses nouvelles s'éveillent dans le cadre d'une religion fortement institutionnalisée.

En réaction à une sédimentation de la spiritualité, dans

une communauté dont la sensibilité s'est atrophiée, dans une conscience aiguë d'un malaise de la société, les forces nouvelles se mettent à l'ouvrage.

Les fidèles se trouvent alors devant une alternative.

Ou bien ils cherchent à se frayer une nouvelle voie, à se trouver une expression et un cadre historique entièrement nouveaux. C'est ce qui est arrivé dans le cas du christianisme ; des aspirations religieuses nouvelles entraînèrent un certain nombre de croyants à faire éclater le cadre traditionnel de la communauté d'Israël.

Ou bien, malgré l'élan religieux nouveau, il reste un désir de fidélité au cadre traditionnel et les croyants tiennent à demeurer dans le sein de la communauté. C'est alors que se développe la mystique qui vise à une réinterprétation des données de la religion traditionnelle en leur conférant un sens conforme à la force nouvelle qui est en train de se révéler. Comme le fait remarquer Sholem : « La mystique est toujours, dans l'histoire des religions, la mystique d'une religion déterminée et non la mystique tout court. »

Il faut donc, pour comprendre la mystique qui est toujours une phase d'un développement, rechercher les antécédents et mieux encore, comprendre le passage entre une période et l'autre.

La mystique ne serait pas tant un stade du développement religieux, mais l'écart entre une période et une autre. Pour le dire encore autrement, une période mystique est toujours un moment de crise, de rupture et de fracture...

Ainsi le hassidisme est un temps de renouvellement. Ses fondateurs et ses adeptes firent éclater l'inertie médiévale et ghettoïque, mirent un terme au judaïsme statique qui ne savait qu'opiner et était incapable de toute initiative. Dans cette révolution des mentalités, le hassidisme réussit un coup de maître. Contrairement à l'« émancipation » qui sortit du ghetto par la désagrégation et la dissolution du judaïsme, le hassidisme accomplit l'émancipation, non plus dans la fuite hors de soi, mais dans une plus puissante et plus chaleureuse intégration juive. « Dans ce sens, le hassidisme est le précurseur de tous les successifs courants juifs de renouveau, stimulés par l'esprit du siècle, mais branchés sur le vouloir-être juif [13]. »

Le hassidisme « existe à chaque fois qu'une société se souvient qu'il ne suffit pas d'être, mais qu'il faut encore exister, qu'il faut, pour vivre réellement, trouver sans cesse de nouvelles modalités d'existence, sans cesse continuer à s'inventer[14]... ».

Il nous faut maintenant poser cette question : quels sont les thèmes qui ont joué réellement un rôle déterminant dans la genèse du hassidisme ?

Deux univers de pensée ont été l'objet de modifications dans les anciennes doctrines et les anciennes idées, et ont contribué à une nouvelle vision du monde. Il s'agit de la Cabale de Louria et de la théologie hérétique des sabbatéens. Nous sommes ici dans un espace incontournable de l'histoire des idées de la pensée juive moderne. Rien ne peut être audible sans la compréhension de ces deux phénomènes que sont la nouvelle Cabale de Safed, l'événement Shabataï Tsevi et son satellite que constitue l'histoire de Jacob Frank.

Nous allons exposer l'aspect essentiel de ces trois éléments nécessaires à la compréhension du hassidisme.

CHAPITRE III

« Le palais des vases brisés »

Les thèmes fondamentaux de la nouvelle Cabale

Sholem établit une distinction fondamentale entre l'ancienne et la nouvelle Cabale [15].

La Cabale primitive est celle qui s'est développée en Espagne au XIIe siècle en donnant naissance entre autres au *Zohar* et au *Livre de la Création.*

Cette tradition avait comme problématique la délivrance des chaînes de ce chaos qu'est l'Histoire : une recherche pour sortir de la confusion et des cataclysmes de l'Histoire. Les cabalistes espagnols choisirent la voie de ce que l'on pourrait appeler une *archéologie*, une fuite vers le commencement, vers la Genèse primitive du ou des mondes. On peut dire aussi qu'ils cherchaient la rédemption individuelle, une mystique de l'individu. Les questions posées étaient : « En quoi consiste la vie d'un juif ? Quel est le secret de son existence ? Quel est le secret de la Tora, des actes de l'homme ici-bas et de ses rapports avec Dieu ? »

Avec l'expulsion des juifs d'Espagne en 1492, la Cabale changea de problématique. Les questions devinrent plus essentielles et plus ancrées dans la réalité, dans la réalité historique.

L'expérience tragique et très concrète de l'exil fit de l'exil et de la rédemption une question vitale pour les esprits vivants et créateurs de la nation dans le domaine religieux.

Cette remarque explique aussi comment une doctrine émanant d'un cercle restreint se transforma en un mouvement collectif et devint un facteur historique d'une puissance extraordinaire.

Les nouveaux cabalistes de Safed ne se préoccupèrent

plus de l'*archéologie* mais de l'*eschatologie* des mondes, de sa fin et de sa rédemption.

La nouvelle Cabale a été la réponse religieuse du judaïsme à l'expulsion des juifs d'Espagne.

En une génération, en l'espace de quarante ans qui suivirent l'expulsion, se firent jour une fermentation et un réveil messianique d'une puissance formidable.

Dans la petite ville de Safed en Galilée se retrouvèrent à cette époque les plus grandes sommités du judaïsme mondial.

C'est là que Rabbi Isaac Louria élabora et enseigna sa vision du monde qui est un des moments clefs de l'histoire de la pensée d'Israël. Né à Jérusalem en 1534, il mourut à Safed en 1572 à l'âge de trente-huit ans.

La Cabale de Rabbi Isaac Louria connut un succès immédiat, car elle répondait aux questions de l'existence.

Il est nécessaire ici de simplifier énormément un ensemble de concepts qui sont développés sur des milliers de pages.

Les idées développées par Rabbi Isaac Louria sont en fait des étapes d'une philosophie de l'histoire au niveau cosmique. La doctrine hassidique reprendra les mêmes thèmes et leur donnera une portée existentielle. Il y a trois moments essentiels : le *Tsimtsoum* ou le retrait, la *Chevira*, la brisure, et le *Tiqoun* ou la réparation [16].

Le **Tsimtsoum** *ou le retrait*

La théorie du *Tsimtsoum* représente une des conceptions les plus surprenantes et les plus hardies dans l'histoire de la Cabale. *Tsimtsoum* signifie originellement « concentration » ou « contraction ». Dans le langage cabaliste, il est mieux traduit par « retrait » ou « rétraction ».

Rabbi Isaac Louria se posa les questions suivantes :

— Comment peut-il y avoir un monde si Dieu est partout ?

— Si Dieu est « Tout en tout », comment peut-il y avoir des choses qui ne soient pas Dieu ?

— Comment Dieu peut-il créer le monde *ex nihilo*, s'il n'y a pas de néant ?

Rabbi Isaac Louria répondit en formulant la théorie du *Tsimtsoum* ou « retrait ». Selon cette théorie, le premier acte du Créateur ne fut pas de se révéler lui-même à quelque chose d'extérieur. Loin d'être un mouvement sur le dehors ou une sortie de son identité cachée, la première étape fut un repli, un retrait ; Dieu se retira « de lui-même en lui-même » et, par cet acte, abandonna au vide une place en son sein, créa un espace pour le monde-à-venir.

En un certain point au sein de la lumière de l'In-fini *(En-sof)*, l'essence divine ou la « lumière » s'éclipsa ; un espace était laissé vide au milieu. Par rapport à l'Infini, cet espace n'était pas plus qu'un point infinitésimal, mais par rapport à la Création, c'était tout l'espace cosmique. Dieu ne put se manifester que parce qu'au préalable il se retira.

Dans les écrits lourianiques, l'« espace vide » est dénommé par le terme *Tehirou*. Selon Louria, il est resté dans ce vide primordial, un faible résidu, une trace de la plénitude et de la lumière divine, appelée *Rechimou*.

La Chevira *ou la brisure*

La deuxième étape du processus de la Création dans la Cabale de Louria se nomme *Chevirat kelim* ou « brisure des vases ».

Après le *Tsimtsoum*, la lumière divine jaillit dans l'espace vide sous forme d'un rayon en ligne droite. Cette lumière se nomme *Adam Qadmom*, c'est-à-dire l'« homme primordial ». *Adam Qadmom* n'est rien d'autre qu'une première figure de la lumière divine qui vient de l'essence de l'*En-sof* (Infini) dans l'espace du *Tsimtsoum*, non pas de tous côtés, mais comme un rayon dans une seule direction.

Au départ, les lumières émanées étaient équilibrées, c'est-à-dire homogènes *(or yachar, veor hozère)*, puis les lumières qui jaillirent des yeux de « l'homme primordial » émanèrent selon un principe de séparation, atomisées ou punctiformes *(olam haneqoudim)*.

Ces lumières furent contenues dans des vases solides. Quand ces lumières émanèrent par la suite, leur impact se révéla trop fort pour leurs récipients qui, ne pouvant les contenir, éclatèrent. La majeure partie de la lumière libérée remonta à la source supérieure, mais un certain nombre d'« étincelles » demeurèrent collées aux fragments des récipients brisés. Ces fragments, de même que les « étincelles » divines qui y adhéraient, « tombèrent » dans l'espace vide. Ils y donnèrent naissance, à un moment donné, au domaine de la *qlipa*, c'est-à-dire l'« écorce » ou la « coquille » que la terminologie cabaliste nomme l'« Autre Côté ».

La « brisure des vases » introduit dans la création un déplacement. Avant la brisure, chaque élément du monde occupait une place adéquate et réservée : avec la brisure, tout est désarticulé. Tout est désormais imparfait et déficient, en un sens « cassé » ou « tombé ». Toutes les choses sont « ailleurs », écartées de leur place propre, en exil... Insistons sur cet aspect fondamental de l'explication de Louria.

Les termes essentiels sont, ici, les mots « exil » et « étincelles ». Les étincelles de sainteté sont tombées dans le monde et sont entourées par les écorces qui empêchent la possibilité de les atteindre. Le travail de l'homme sera de les briser.

L'Exil n'est plus seulement celui du peuple d'Israël, mais d'abord l'exil de la Présence divine dès l'origine de l'univers.

Ce qui advient dans le monde ne peut être que l'expression de cet exil primitif et essentiel (on serait tenté de dire : ontologique).

Que la présence divine, la *Chekhina*, soit ontologiquement en exil est une idée révolutionnaire et hardie. Toute l'imperfection du monde s'explique par cet exil.

L'importance historique de ces idées est évidente. Elles fournissent une réponse immédiate au problème le plus important de l'époque : l'existence d'Israël en exil.

Le système de Louria donne aux juifs l'assurance qu'ils ne sont pas les seuls concernés par leurs souffrances mais que celles-ci contiennent un mystère profond. L'amère expérience d'Israël n'est que le symbole, fût-il douloureux et concret, d'un conflit au cœur de la création.

Cette explication cabaliste est d'une originalité saisissante dans la mesure où elle ne considère pas l'exil uniquement comme une épreuve pour la foi, ni comme une punition pour les fautes, mais avant tout comme une mission.

Comme nous allons maintenant le montrer en détail, le but de cette mission est d'élever les étincelles saintes dispersées, et de libérer la lumière divine et les âmes saintes du domaine de la *qlipa*, que représentent sur un plan terrestre et historique la tyrannie et l'oppression.

Le **Tiqoun** *ou la réparation*

Le *Tiqoun* qui signifie « réparation », « restauration » ou « réintégration » est le processus par lequel l'ordre idéal est rétabli ; c'est la troisième phase fondamentale du grand cycle proposé par Louria.

La « brisure des vases » est une défectuosité qui requiert réparation ; la création du côté divin comme du côté humain doit entrer dans un processus de *Tiqoun*. Il faut ramener les choses à leur place et à leur nature propre. La réparation ne peut pas se faire d'elle-même, c'est à l'homme qu'incombe la responsabilité de cette étape. L'homme devient responsable de l'histoire du monde. La philosophie de l'histoire de Louria devient ainsi une philosophie engagée où l'homme acquiert une place centrale.

L'homme et Dieu deviennent associés dans la création. Il est vrai qu'après « la brisure des vases », Dieu a révélé de nouvelles lumières et a déjà commencé à réparer le monde, mais cette réparation n'est pas terminée. Le monde ne s'est pas tout à fait trouvé réparé par l'action divine.

L'acte décisif a été confié à l'homme.

On peut dire que l'histoire de l'homme est l'histoire du *Tiqoun*.

L'histoire de l'homme est l'histoire du *Tiqoun*, c'est-à-dire l'histoire de l'échec du *Tiqoun*.

Sans cet échec, l'Histoire elle-même n'existerait pas et l'homme serait dans la situation du philosophe à la fin de la « phénoménologie de l'esprit » de Hegel, il serait un être achevé, c'est-à-dire mort.

La « conscience malheureuse » dont parle Hegel pour décrire la « conscience juive » est justement ce qui fait son bonheur, sa chance et sa vie.

L'impossibilité de la réussite du *Tiqoun*, de cette atteinte de la réparation, définit l'homme comme un être « à-être » dont l'éthique n'est plus celle de la perfection, mais de la perfectibilité [17].

Au niveau des textes de Rabbi Isaac Louria, on rencontre l'idée d'un premier essai du *Tiqoun* avec *Adam Harichone*, Adam le premier homme. Adam aurait dû réparer le monde, mais il n'a pas accompli sa tâche. S'il l'avait fait, la Genèse aurait conduit immédiatement à l'état messianique, ce qui veut dire qu'il n'y aurait pas eu de développement historique. L'exil cosmique aurait pris fin, Adam ayant été alors l'agent de la rédemption qui aurait rétabli le monde dans son unité. Le processus historique serait achevé avant même d'avoir commencé.

Hélas, ou plutôt heureusement, Adam échoua. Au lieu d'unir ce qui devait être uni et séparer ce qui devait être séparé, il sépara ce qui était uni : « Il sépara le fruit de l'arbre. »

L'Échec du premier homme ramena le monde qui était presque réparé à sa condition antérieure. Ce qui s'était passé lors de « la brisure des vases » se reproduisit. Les bouleversements provoqués par la brisure des vases sur le plan ontologique furent répétés et reproduits aux niveaux anthropologique et psychologique.

L'entrée de l'homme dans le jardin d'Eden correspond au moment de la presque restauration de la brisure. L'épisode du fruit et la sortie du jardin signifient la seconde brisure. La Mission qu'avait Adam de réparer et restaurer les mondes rejaillit maintenant sur ses descendants mais de manière incomparablement plus difficile et plus complexe

Avant son échec, Adam comprenait en lui l'ensemble des autres âmes humaines à venir.

Avec la seconde brisure, les « étincelles » d'âmes humaines partagèrent désormais le destin de la *Chekhina* divine enfermée dans les fragments dispersés des récipients brisés : ils furent emprisonnés dans les « écorces » : la *qlipa*.

CHAPITRE IV

Le voyage des « étincelles »

L'idée que l'âme d'Adam comprend toutes les âmes à venir est reprise du *Midrach Tanhouma*[18].

La clef qu'offre ainsi le Midrach est l'idée de la participation de chacun à l'ensemble de ces aventures primordiales qui sont à considérer comme des données ontologiques, anthropologiques et psychologiques.

Ainsi le *Tsimtsoun*, la *Chevira* et le *Tiqoun* ne sont pas seulement des dimensions cosmologiques à reléguer dans un passé mythique mais concernent l'homme, l'humanité de l'homme en général.

Avec toutes les nuances que nous allons lui apporter, cette remarque est fondamentale pour comprendre la genèse du hassidisme.

Rabbi Isaac Louria enseigne que l'âme est composée de 613 parties : chacune de ces parties est composée à son tour de 613 parties ou « racines » *(chorech)*; chacune de ces « racines » dites majeures se subdivise en un certain nombre de « racines » mineures ou « étincelles » *(nitsotsot)*.

Chacune de ces « étincelles » est une âme individuelle sainte.

Si Adam avait accompli sa mission, toutes ces âmes et étincelles seraient demeurées en son sein, et auraient réalisé ensemble la restauration, le grand *Tiqoun*.

L'échec d'Adam ruine totalement la possibilité de ce grand *Tiqoun*. Des âmes remontèrent vers le haut, à leur racine et ne reviendront pas avant la réussite du *Tiqoun*. D'autres âmes demeurèrent au sein d'Adam. La plupart des « âmes-racines » et des « âmes-étincelles » sortirent d'Adam pour tomber dans le domaine de la *qlipa*, de l'« écorce » et constituèrent dans le domaine de l'« Autre Côté » un « anti-Adam » qui est le négatif de l'« Homme primordial », Adam-Qadmon, que l'on rencontre dans le domaine de la Sainteté.

L'Homme entra alors sur la scène de l'Histoire participant de l'Adam et de l'anti-Adam, du « côté de Sainteté » et de l'« Autre Côté ».

L'élévation des étincelles

Dans le système de Louria, le *Tiqoun* implique deux opérations ; d'une part le rassemblement des étincelles divines tombées en même temps que les fragments des vases brisés dans le domaine des « écorces » ou *qlipa* ; d'autre part, le rassemblement des âmes saintes emprisonnées dans les « écorces » et soumises à l'anti-Adam.

Ces deux opérations de *Tiqoun* sont comprises dans le symbole de l'« élévation des étincelles ».

Ce symbole exprime le sens véritable et le mystère de l'histoire de l'humanité, et d'Israël en particulier.

Certaines âmes sont des étincelles du domaine de Sainteté, d'autres sont issues de la qlipa de l'Autre Côté. La qlipa contient aussi des étincelles saintes qui attendent leur *Tiqoun*, la brisure de l'« écorce » qui les délivrera. Depuis l'exclusion d'Adam du jardin d'Eden, chaque moment important de l'histoire est l'occasion d'un *Tiqoun*, mais aucun ne porte ses fruits de manière radicale. La relecture cabalistique des textes traditionnels, Bible et Talmud, insiste sur ces moments privilégiés, leurs tentatives et leurs échecs.

La Révélation de la Tora au mont Sinaï, par exemple, fut un temps de *Tiqoun* : le monde était sur le point d'être totalement restauré mais la faute du Veau d'or ramena tout à un certain niveau de chaos.

Remarque importante : la Loi fut donnée à la suite de cette nouvelle brisure pour réaliser un *Tiqoun* ultérieur au moyen des commandements. Rappelons que l'on répertorie 613 commandements ayant chacun pour fonction la possibilité de la restauration des 613 parties de l'Adam primordial.

Les étincelles individuelles

Dans les pages précédentes, nous avons parlé d'étincelles de manière générale et collective. On doit ici insister sur l'existence d'« étincelles individuelles » qui constituent la particularité et l'unicité de chaque homme. L'âme humaine se compose de différentes lumières ou aspects dont l'ensemble produit l'« étincelle individuelle » de chacun.

Chaque « étincelle individuelle » est divisée en trois niveaux : *nefech*, *rouah*, *nechama*, et chaque niveau comporte 613 parties.

Une hiérarchie ascendante ordonne les trois sortes d'âme de telle manière qu'un homme ne réalise l'une qu'après avoir parfait la précédente.

Deux degrés supérieurs, *haya* et *yehida*, ne sont atteints que par quelques âmes élues qui ont été illuminées par la plus haute des lumières [19].

La tâche de l'homme est d'atteindre la perfection de son « étincelle individuelle » à tous les niveaux.

Il est possible qu'une seule vie ne suffise pas pour ce travail. Il se peut que le *Tiqoun* doive être réalisé laborieusement et par étape au cours de nombreuses vies et transmigrations, ou *Guilgoulim*.

Cette idée du *Guilgoul*, de la transmigration, est corollaire de la théorie de l'« étincelle individuelle » et a pénétré la conscience ou plutôt l'inconscient du judaïsme. De manière étrange, c'est une idée qui a été refoulée par la suite, quoique non moins bizarre que l'idée et la croyance en l'existence tout aussi vague de l'âme.

Il est important chez les cabalistes de l'école de Louria de découvrir la racine de leur âme comme si seule cette connaissance permettait à l'homme de restituer son âme à sa racine céleste.

> « Il incombe à chaque homme de chercher avec application et de connaître la racine de son âme afin de pouvoir la parfaire et la rétablir dans son état originel qui est l'essence

de son être. Plus un homme se perfectionne, plus il se rapproche de son être propre[20]. »

Remarque importante : il existe un lien interne, sorte de sympathie entre les âmes, qui rattache toutes les étincelles provenant d'une même racine, et celles-ci — et elles seules — peuvent s'entraider et s'influencer réciproquement en ce qui concerne leur *Tiqoun* commun.

Exil et étincelles

Nous avons montré que l'Exil est la conséquence de la brisure. La question « pourquoi l'exil ? » est celle que se posèrent les générations de l'expulsion des juifs d'Espagne et d'autres pays.

Le succès du système de Louria vient en grande partie — comme Sholem l'a souligné — du fait qu'il constituait une réponse aux bouleversements historiques de son époque.

Louria propose en effet un système explicatif — une thèse philosophico-mystique du processus historique.

De plus, c'est une thèse qui prend l'homme à partie en le responsabilisant quant aux destinées du monde et la possibilité de la Rédemption.

L'homme responsable de l'Histoire est encore à entendre dans son sens collectif. Le peuple d'Israël tout entier est revêtu d'une fonction propre. Il doit préparer le monde du *Tiqoun*, ramener chaque chose à sa place ; il a le devoir de rassembler, de recueillir les étincelles dispersées aux quatre coins du monde.

Par conséquent, il doit lui-même, le peuple, être en exil aux quatre extrémités de la terre. L'Exil n'est pas seulement un hasard, mais une mission qui a pour but la réparation et le « tri ».

En effet la réparation s'accomplit sous la forme d'un « tri » du bien à partir du mal, visant à la séparation absolue des domaines du Saint et de l'impur qui se sont mélangés lors de la brisure originelle et au moment de l'épisode du fruit dans le jardin d'Eden.

Les enfants d'Israël sont complètement engagés dans le processus de l'« élévation des étincelles », non seulement à partir des lieux qu'ils foulent de leurs pieds dans leur exil, mais aussi au sein de l'exil cosmique où ils sont jetés intérieurement et qu'ils mènent à son terme peu à peu par leurs actes. C'est à partir de cette conception, nous y reviendrons, que les maîtres hassidiques créeront la théorie et la pratique des voyages, non pas initiatiques, mais qui ont trait à l'« élévation des étincelles [21] ».

CHAPITRE V

Créer le Messie...

Très vite les idées de Rabbi Isaac Louria frappèrent l'imagination du public. Nous avons expliqué que ce fait est dû essentiellement au caractère explicatif de la théorie quant à la situation historique des juifs de l'époque. Un autre facteur est à signaler, à savoir le caractère concret des images proposées par Louria. Les images sont simples, même si les commentaires que l'on peut en faire savent être subtils et profonds.

Dans la période que nous analysons ici, le XVIIe siècle, les juifs, riches ou pauvres, vivaient dans un sentiment d'incertitude constant. Personne n'était à l'abri des fluctuations économiques et des effets défavorables des événements politiques. De ce fait, il n'y avait pas de différence essentielle sur le plan socio-psychologique entre les différentes communautés de la diaspora.

Dans ce contexte, le renouveau religieux à Safed et la Cabale lourianique remplirent une fonction idéologique qui dépassa considérablement la seule visée religieuse de ses initiateurs.

Les images concrètes des *Tsimtsoum*, *Chevira* et *Tiqoun* acquirent rapidement une dimension nationale et un grand pouvoir dynamique.

Le *Tiqoun*, sorti du domaine purement mystique et de son aspect cosmique et ontologique, prit surtout un caractère politique, traduit dans un premier temps par la création d'une tension de nature messianique. La « réparation » du *Tiqoun* se transforma rapidement en « rédemption » des âmes et des corps. Le *Tiqoun* fut entendu comme rédemption de l'individu et de la collectivité.

Le rôle du Messie

Lorsque l'homme et la communauté auront accompli leur rôle actif symbolisé par l'« élévation des étincelles », le *Tiqoun* sera achevé ; la « réparation » sera terminée et toutes les choses se trouveront à la place où elles se trouvaient au temps primordial du monde. Ce moment sera celui de la « rédemption ».

La « rédemption vient d'elle-même car elle n'est rien d'autre que la "Réparation" ». Les deux notions sont identiques : si le monde est réparé, il est impossible que la « rédemption » ne vienne pas, puisqu'elle ne fait qu'exprimer l'état parfait et impeccable du monde, un monde harmonieux où chaque chose se trouve à sa place. Cela revient à dire que travailler à la « réparation » du monde consiste de fait à travailler à sa « rédemption ». Pour Rabbi Isaac Louria, notre rôle est de réparer le monde intérieur et extérieur par nos actions. Cette idée est l'une des plus fondamentales car elle confère aux *Mitsvot* (préceptes de la Loi, *Halakha* en hébreu) une signification et une dimension cosmiques. Dès lors il existe un lien entre le judaïsme traditionnel, ses préceptes et ses idées et les forces fondamentales mystérieuses qui sont à l'œuvre dans le monde entier.

L'homme qui accomplit un précepte ne fait plus simplement que l'accomplir, il se livre à une action universelle. Il répare quelque chose. L'action de l'homme devient le moteur même de l'histoire.

Par nos actes, nous sommes tous engagés dans une unique aventure messianique à laquelle nous sommes tenus de participer.

Dans ce contexte, le Messie n'est pas celui qui produit la Rédemption, il n'est que la manifestation de la réussite de Rédemption.

On ne peut plus attendre le Messie, on doit le créer. En tant que symbole de l'achèvement du *Tiqoun*, le Messie perd sa valeur personnelle, et on comprend pourquoi il a peu d'importance dans la Cabale de Rabbi Isaac Louria.

La notion d'un homme-messie disparaît. Il n'y a plus un sauveur de l'humanité qui rachète l'humanité par sa simple existence et sa simple souffrance.

Ces notions sont révolutionnaires dans la mesure où elles bouleversent les idées reçues sur le Messie, voyant en lui une sorte de sauveur miraculeux qui, par sa seule action, amènerait la Rédemption.

A partir de Louria, on n'attend plus un mouvement messianique déterminé, lié à un Messie nommément désigné ; le Messie devient le peuple d'Israël tout entier. C'est le peuple d'Israël dans son ensemble qui se prépare à réparer la cassure originelle. On comprend dans ce contexte que la Rédemption d'Israël (au sens national et politique du terme) ait été une perspective très réelle[22].

Pour terminer ce résumé des concepts clefs de la nouvelle Cabale, on peut dire que sa révolution consista précisément à rendre au juif le sentiment de sa responsabilité et de sa dignité en lui faisant prendre conscience que l'Histoire n'est pas une fatalité, que le juif n'est pas destiné à être malheureux, mais qu'il a en lui de manière collective et individuelle les ressources d'un combat pour le bonheur, les forces de sa liberté.

CHAPITRE VI

Les dérives du messianisme

Shabataï Tsevi et Jacob Frank

L'expulsion des juifs d'Espagne en 1492 fut ressentie par le peuple juif comme une des crises les plus graves de son histoire après la chute du deuxième temple, en l'an 70. Nous avons montré que la nouvelle Cabale de Louria, d'une certaine façon, donnait l'explication et le sens de l'Exil.

L'année 1648 fut attendue avec impatience par de nombreux adeptes de la nouvelle Cabale car ils y voyaient l'année de la rédemption finale. Contrairement à cette attente, l'an 1648, en hébreu l'an 408 *(Tah)*, fut celui d'une autre grande catastrophe du peuple juif.

La Pologne fut traversée par dix ans de guerres, attaquée par les armées cosaque, russe, suédoise. Les juifs de Pologne furent pris dans cette tourmente de façon particulièrement dramatique.

En ces dix années de guerre (1648-1658), plus de trois cents communautés furent détruites en Pologne et plus de 250 000 juifs tués. Ceux qui restaient étaient appauvris et découragés, accomplissant les travaux les plus durs et les plus humiliants pour ne pas mourir de faim.

On revit à cette époque le lamentable spectacle qu'avaient présenté les juifs expulsés d'Espagne et du Portugal. Partout, on rencontrait des juifs polonais à l'aspect hâve et décharné, qui erraient à la recherche d'un asile. A l'ouest à travers la région de la Vistule, beaucoup de ces fugitifs arrivèrent à Hambourg, émigrèrent à Amsterdam ou furent expédiés à Francfort-sur-le-Main et dans d'autres villes rhénanes. Du côté du sud, ils allèrent se réfugier en Moravie, en Bohême, en Autriche, en Hongrie et jusqu'en Italie. Ceux que les Tartares avaient faits prisonniers furent emmenés dans les provinces turques et envoyés en partie dans les États barbaresques. Dans toutes les villes, ils trouvèrent un accueil cordial auprès de leurs coreligionnaires qui s'empressaient de subvenir à tous leurs besoins. En Italie, les communautés s'imposèrent de lourds sacrifices pour les racheter et les secourir ; les membres aisés de la communauté de Livourne consacrèrent à cette œuvre de charité le quart de leurs revenus. Les juifs d'Allemagne et d'Autriche, presque ruinés par la guerre de Trente Ans, réunirent également tous leurs efforts pour leur venir en aide[23].

Les massacres de 1648 constituent dans l'histoire du peuple juif un événement fondamental — peut-être faudrait-il dire fondateur — du même ordre que l'expulsion des juifs d'Espagne en 1492, que la destruction du Temple de Jérusalem en l'an 70.

Pour une conscience contemporaine, il y a là quelque chose de comparable avec la *Shoa*, l'extermination des juifs par les nazis.

Le judaïsme n'a pas produit d'historiographie. Il existe comme une certaine allergie à écrire les événements. Il n'y a pas ou très peu de livres d'histoire.

Pourtant, le judaïsme développe une conscience historique par l'intermédiaire du rituel qui devient porteur de la charge symbolique de l'histoire.

Ainsi peut-on montrer qu'il existe des contre-secousses culturelles des événements fondateurs.

La sortie d'Égypte fut suivie du don de la Tora, la destruction du Temple donna lieu à la création du Talmud, l'expulsion d'Espagne fit voir le jour à la nouvelle Cabale de Safed.

On peut affirmer que les massacres de 1648-1658 furent d'une importance considérable dans la mesure où ils rendirent possible la venue de Shabataï Tsevi[24] et plus tardivement du hassidisme.

Shabataï Tsevi

Nous avons montré précédemment que la figure du Messie dans la Cabale de Louria était collective. C'est le peuple dans son ensemble qui constitue le messie. Nous en avons souligné l'importance.

Cependant, dans une situation de catastrophe aussi profonde que les massacres de 1648-1658, les vieilles idées conservatrices d'un Messie personnel, c'est-à-dire, ici, incarné dans une personne, réapparurent et reprirent plus de force.

La question que devaient se poser plusieurs centaines de milliers de personnes était certainement : « Le Messie va-t-il enfin venir ? »

Nous retombons alors dans cette vision qui veut que le Messie inaugure la Rédemption alors que nous avions souligné que dans la nouvelle Cabale, c'était la Rédemption qui inaugurait la possibilité même du Messie.

Sept années après la fin des massacres, le Messie arriva... Il s'appelait Shabataï Tsevi.

Shabataï Tsevi naquit à Smyrne le 9 Av — jour commémorant la destruction des premier et second Temples — en l'année 1626 (5386). C'était un samedi [25].

Shabataï Tsevi — Tsevi était son nom de famille — fut en fait un homme malade, affecté d'un grave déséquilibre mental, oscillant entre l'euphorie de l'extase et l'angoisse de la mélancolie et qui passa par des états maniaco-dépressifs successifs [26].

Il était très loin du type traditionnel de la figure du Messie. Il ne fut pas un conquérant faisant trembler les rois de ce monde. Il ne vint pas mener toutes choses à leur accomplissement. Il possédait une bonne éducation rabbinique, connaissait le Talmud et était très versé dans la Cabale, en particulier celle de Louria.

On peut se demander alors ce qui le fit considérer comme un personnage particulier ? Sa biographie nous apprend que lors des moments d'exaltation religieuse, il en vint à commettre des actes étranges consistant à enfreindre la Loi. De plus, il prenait plaisir à ces infractions, se livrant à des manifestations excentriques, déclarant qu'il s'agissait de cérémonies religieuses ayant un sens particulier. Certainement un sens mystique de l'ordre du *Tiqoun*. Mais l'idée d'un « saint transgresseur », un « saint pécheur » n'était pas une donnée messianique portée par la tradition juive.

De ce fait, ces actes mystico-extatiques de transgression ne lui permirent pas de s'attacher des disciples. De sa première apparition à Smyrne en 1648 jusqu'à sa proclamation comme Messie à Gaza en 1665, il n'eut pratiquement pas un seul disciple pour le considérer comme Messie. On riait de lui ; on le déclarait fou ou bien on se moquait de lui. Personne ne se souciait de lui quand il rencontra, dans des circonstances particulières, un jeune rabbin sorti des écoles talmudiques de Jérusalem et établi à Gaza.

Nathan de Gaza avait étudié assidûment le Talmud et la mystique de la Cabale de son époque. Il possédait une remarquable puissance d'imagination.

En mars 1665, il eut une vision dans laquelle Shabataï Tsevi, qu'il avait dû rencontrer souvent dans les rues de Jérusalem, lui apparut comme Messie. Nathan convainquit cet homme beaucoup plus âgé que lui, déchiré par le doute et luttant contre les démons, que sa mission était légitime. Promu prophète du Messie, Nathan donna de sa personne, se dépensa en de multiples activités et provoqua un sursaut général de messianisme. Aux yeux des juifs de la diaspora, un prophète devait précisément venir confirmer la mission du Messie. Nathan de Gaza fut reçu comme étant ce prophète.

Les succès du faux Messie

En un temps très court, le mouvement gagna la communauté juive du Yémen et s'étendit de la Perse à l'Angleterre, la Hollande, la Russie et la Pologne. Il se produisit ce que les gardiens de la tradition n'avaient guère prévu mais qui, pour l'historien, apparaît tout à fait compréhensible. Quand l'attente de l'inauguration des temps messianiques est précédée d'une expérience affective de ceux-ci, elle peut se manifester soudain à la conscience dans les milieux étendus avec une telle force qu'elle peut survivre à l'événement lui-même. Car la déception était inéluctable au plan de l'événement. Il devait nécessairement apparaître un contraste entre l'événement historique et l'expérience religieuse, qui était d'un caractère tout différent. La vague d'enthousiasme qui balaya les communautés juives pendant une année entière créa un mouvement spirituel que n'avaient pas prévu les rabbins et qui n'avait pas été envisagé dans les ouvrages anciens.

Si le mouvement a eu cet écho considérable, c'est qu'il venait de Palestine. C'est là que le prophète de Gaza reconnut dans le cabaliste Shabataï Tsevi, qui était monté de Smyrne à Jérusalem, le Messie. Avant ce moment, personne n'avait pris au sérieux les prétentions messianiques de Shabataï Tsevi, qu'il n'avait d'ailleurs exprimées que de façon intermittente. Mais Nathan de Gaza fut convaincu, lors de ses propres extases, de la légitimité des prétentions de Shabataï Tsevi. Au long d'une année très agitée, d'octobre 1665 à novembre 1666, un nombre considérable de personnes donnèrent leur adhésion à ce mouvement messianique. Des facteurs multiples favorisèrent alors son développement. Il y eut un mouvement intense de pénitence, qui fut considéré comme une sorte d'assaut final pour faire approcher le temps de la rédemption messianique. Il y eut une attente apocalyptique vive, toute nourrie des anciens textes et des anciennes traditions, mais qui perdit son caractère littéraire et abstrait pour prendre soudain une forme critique. Cela remit dans la mémoire des juifs les avertissements contenus dans ces anciens textes. Les attitudes dilatoires habituelles se modifièrent lorsque l'annonce passionnée que la rédemption était proche prit le caractère d'un mouvement de masse. L'émotion des foules accéléra ce qui était annoncé pour des temps à venir et l'attribua au lendemain. Pour beaucoup d'hommes, la consommation de la rédemption messianique devint une réalité d'ordre intérieur alors même qu'elle n'était pas encore devenue une réalité historique. Il est évident qu'une crise devait se produire le jour où l'on viendrait à constater que cet événement historique annoncé ne se produirait pas.

La personnalité de Shabataï Tsevi a exercé une fascination extraordinaire, même si l'on fait la part de l'aura de merveilleux et de légende dont il fut bientôt entouré du fait de l'espérance et de la crédulité des foules. Aux yeux de ses disciples les plus proches, il fut certainement un ascète et un mystique. Dans ses moments d'extase, d'euphorie ou d'enthousiasme, il comprit sa vocation personnelle comme l'appelant à *transgresser la loi religieuse* et à présenter comme modèle du judaïsme le type, jusque-là absolument exceptionnel, du « saint pécheur ». On rencontre chez lui à la fois la vision utopique d'un judaïsme renouvelé, sous cette forme anarchique qui fut toujours le propre du messianisme, et une propension déclarée à accomplir des rites bizarres et grotesques qui reprenaient certaines données de la tradition juive comme par exemple certains rites de fêtes, mais en inversant leur sens. Shabataï Tsevi accomplit tous ces actes en revendiquant une autorité messianique nouvelle qui devait supplanter l'autorité pondérée et traditionnelle de la *Halakha* rabbinique.

L'effervescence atteignit un point culminant quand, au début de 1666, le Messie arriva à Constantinople, où ses partisans l'attendaient pour retirer la couronne de la tête du sultan et inaugurer la nouvelle ère messianique. On comprend alors pourquoi certains livres hébraïques parus à cette date furent marqués de ce sceau : « Première année du renouveau de la prophétie et du Royaume ». Les autorités turques arrêtèrent le prétendant messianique au trône mais, à la surprise générale, elles ne le mirent pas à mort. Elles le gardèrent prisonnier près de Gallipoli jusqu'en septembre 1666. Là, bien que prisonnier de l'Etat, il obtint l'autorisation, sans doute en soudoyant quelques fonctionnaires, de tenir sa cour. Il reçut alors de tous les pays des délégations qui l'assurèrent du soutien et de l'adhésion des communautés, en particulier des délégations des centres les plus importants et les plus influents du monde juif.

Ces événements incroyables produisirent une impression

profonde sur les fidèles. Le jour du jeûne du 9 Ab, qui commémore la destruction du Temple, fut déclaré par édit messianique jour officiel de naissance du Messie et proclamé fête joyeuse. L'enthousiasme ne connut plus de bornes, en particulier au sein du judaïsme turc.

La chute du Messie

C'est en pleine apogée du mouvement que se produisit la catastrophe.

En septembre 1666, Shabataï Tsevi fut conduit devant le sultan à Andrinople et placé devant le choix suivant : ou maintenir ses prétentions messianiques et souffrir le martyre ou se convertir à l'islam. Il préféra apostasier le judaïsme.

On perçoit la force et la profondeur de ce mouvement messianique si l'on remarque que cet acte d'*apostasie du judaïsme* et de *conversion à l'islam* — l'acte le plus scandaleux qui se puisse imaginer pour un juif fidèle — ne conduisit pas immédiatement, comme on aurait pu le penser, à l'effondrement des espoirs suscités. Les autres mouvements messianiques qui se sont produits dans le judaïsme au cours de l'histoire se sont effondrés dans la déception laissée par les événements et n'ont laissé aucune trace dans la conscience des chroniqueurs. Mais ici le pouvoir de transformation de ce mouvement messianique fut si fort que des groupes importants en vinrent à admettre ce geste totalement sans précédent du Messie, geste dont pourtant on n'avait jamais entendu parler en lisant les Écrits anciens mais qu'on pensa quand même pouvoir justifier à partir de ces Écrits.

Le désarroi des croyants fut indescriptible. L'émotion avait été trop vive et s'était trop profondément gravée dans les cœurs pour que le mouvement pût s'éteindre dans un simple sentiment de déception. D'importants groupes de disciples résolurent de suivre Shabataï Tsevi, sans quitter pour autant le judaïsme.

Les « croyants » — c'est ainsi que les disciples de Shabataï Tsevi se désignaient eux-mêmes — se mirent à relire les ouvrages et les documents anciens de la tradition.

Pour les théologiens — il vaudrait mieux dire les idéologues — du mouvement shabataïste, toutes les pages des livres anciens ne parlèrent plus de rien d'autre que de la *nécessaire apostasie du Messie* et de l'accomplissement de sa mission sous la figure d'un passage ou d'une descente dans les bas-fonds des nations. Ils pensaient que les étincelles de sainteté qui sont dispersées parmi les peuples doivent être ramenées à leur origine et que toute chose doit revenir en son lieu propre pour que la rédemption soit accomplie.

Nathan de Gaza, qui avait une capacité remarquable de réinterprétation des anciens textes, fut le premier à concevoir une théorie nouvelle appelée à un avenir considérable. Selon cette théorie, la rédemption messianique d'Israël de son exil doit, pour parvenir à sa consommation, suivre une dialectique tragique. Le Messie doit parcourir lui-même toutes les nations pour accomplir sa mission mystique qui est de *libérer* et de faire *« élever » les étincelles de sainteté* et les âmes saintes. Pour accomplir cette mission, il ne pouvait donc se contenter de rester dans un monde de sainteté ; il ne suffisait pas même de faire sortir les étincelles de sainteté du monde de l'impureté : pour accomplir sa mission, il a fallu qu'il pénètre dans ce monde même. Ainsi s'explique que le Messie soit maintenant dans une sorte d'exil et que, pour ainsi dire, il se soit affranchi de ses racines saintes et se soit exilé lui-même de celles-ci afin d'accomplir la rédemption.

Cette théorie de Nathan de Gaza constitue une variante juive tout à fait inédite, et même hérétique, de la notion antique de Descente aux enfers. *L'apostasie du Messie devient un acte nécessaire pour l'accomplissement de sa mission mystique, en même temps qu'historique.* Pour Nathan de Gaza, le Messie n'est pas devenu turc ; il est en fait resté juif. Seulement, à partir de sa conversion, il s'est mis à vivre à deux niveaux, un niveau exotérique et un niveau ésotérique et, jusqu'à son retour dans la splendeur du règne messianique, ces deux niveaux demeureront en contradiction l'un avec l'autre.

Cette théorie s'adaptait remarquablement à l'attitude

qui avait été celle de Shabataï Tsevi. Sa double vie comme musulman et comme juif avait été acceptée pendant un certain nombre d'années par le gouvernement turc qui, au tout début, avait espéré beaucoup de ce converti de marque. Tout comme avant, les shabataïstes « croyants » continuèrent donc après la conversion du Messie de se rendre en pèlerinage à Andrinople et l'hérésie messianique exprimée dans les thèses ci-dessus se répandit rapidement par une série d'ouvrages qui circulèrent en manuscrits. Une sorte de mouvement souterrain du messianisme juif commença, malgré l'opposition compréhensible et parfois la persécution des autorités rabbiniques officielles, et il atteignit bientôt de larges milieux et de nombreuses régions de la diaspora.

Quand Shabataï Tsevi, après un exil en Albanie, mourut à l'automne de 1676 à Dulcigno (Ulcinj), cette mort elle-même ne changea rien au cours des événements : le Messie, déclarait-on, n'était pas vraiment « mort », il s'était « engagé dans un processus d'occultation ». La doctrine de la réincarnation, qui était commune chez les cabalistes, permettait fort bien d'imaginer que le Messie était apparu sous différentes formes successives depuis Adam jusqu'au Messie tout récent. Au XIXe siècle, les Dunmeh comptaient ainsi dix-huit réincarnations de l'âme d'Adam et du Messie au cours de l'histoire.

Il y eut deux réactions différentes parmi les adeptes de Shabataï Tsevi.

Les « modérés » considérèrent que la conversion et la « descente aux enfers » étaient le rôle du Messie, de lui seul. Pour eux, tant que les dernières étincelles divines *(nitzotzot)* de sainteté et de bonté, tombées lors du péché primordial d'Adam dans le domaine impur des *qlipot* (c'est-à-dire, les forces matérielles du mal), ne sont ni rassemblées ni ramenées à leur source, la rédemption ne sera pas arrivée à son terme. Telle est donc l'œuvre qui a été laissée au Rédempteur, le plus saint de tous les hommes ; il doit accomplir ce que les âmes les plus justes du passé n'ont elles-mêmes pas été capables de faire ; *il doit descendre par les portes de l'impureté dans le domaine des* qlipots *et sauver les étincelles divines qui s'y trouvent encore emprisonnées.* Dès que cette tâche aura été accomplie, le Royaume du Mal s'effondrera de lui-même, car celui-ci ne peut tenir debout que grâce aux étincelles divines qui sont en son sein. Le Messie est forcé de commettre des « actes étranges » (*maasim zarim* : notion qui jouera par la suite un rôle central dans la théologie shabataïste). Et parmi ces actes, son apostasie est le plus éclatant. Ces actes sont nécessaires pour l'accomplissement de sa mission.

Cette interprétation donna naissance à une attitude secrète qui, vue de l'extérieur, pourrait paraître strictement rabbinique, mais vue de l'intérieur, était proprement shabataïste, c'est-à-dire, d'un point de vue juif, hérétique.

La seconde réaction fut celle des « radicaux ». Ils se posèrent les questions suivantes :

— Pouvait-on abandonner le Messie à son sort au moment précis où il s'était engagé dans la phase la plus âpre de son combat avec le pouvoir du démon ?

— Si tous avaient fait l'expérience de l'étincelle de la rédemption, pourquoi donc cette expérience de tous serait-elle différente de celle du Rédempteur ? Comment expliquer qu'on ne doive pas se porter à son aide ?

Un cri se fit bientôt entendre : trahissons nous-mêmes comme il l'a fait ! Descendons avec lui dans l'abîme avant que ses portes soient closes à nouveau ! Jetons-nous à plein, avec la puissance de la sainteté, dans la gueule de l'impureté, jusqu'à ce qu'elle en craque de l'intérieur !

Avec Shabataï Tsevi ils se convertirent à l'islam. Le nombre de ces disciples « radicaux » s'éleva pendant sa vie à environ deux cents familles [27]. On constate donc que la majorité des shabataïstes restèrent juifs extérieurement malgré leur conviction dans la légitimité de la mission de Shabataï Tsevi.

Le shabataïsme et le marranisme

La nouvelle théorie des étincelles qui impliquait la conversion du Messie et des « croyants » radicaux est issue et fut rendue possible par l'existence d'une *mentalité marrane.*

Rappelons que les marranes étaient les juifs espagnols convertis au christianisme qui pratiquaient extérieurement le culte catholique et intérieurement — et en cachette — le judaïsme.

Abraham Miguel Cardoso (1627-1706), qui appartenait à une famille marrane crypto-juive venue d'Espagne et qui était retourné officiellement au judaïsme à Venise en 1648, dit explicitement : « Il a été décrété que le Roi-Messie revêtirait des vêtements de marrane et se rendrait ainsi incognito au milieu de ses frères juifs. En un mot, il a été décrété qu'il se ferait marrane comme moi. »

Quand on sait que Cardoso fut l'un des prosélytes les plus actifs du mouvement shabataïste, on comprend l'enjeu et l'importance des paroles de cette phrase. Elles montrent de façon remarquable les motivations cachées et elles permettent de saisir presque tous les aspects du mouvement shabataïste. Sous-jacente à la pensée shabataïste dans sa nouveauté, il y a, avant tout, la *sensibilité religieuse et profondément paradoxale des marranes* et de leurs descendances qui constituaient une fraction importante du judaïsme sépharade. Si elle n'avait pas été conforme à la psychologie de ces hommes reconvertis au judaïsme, la nouvelle théologie n'aurait jamais trouvé le sol propice qui lui permit de fleurir comme elle le fit. *Quelle qu'ait pu être la mentalité véritable de ses premiers propagateurs, la doctrine shabataïste du Messie était parfaitement adaptée aux besoins de la mentalité marrane.*

On peut ainsi affirmer que la psychologie des shabataïstes « radicaux » fut extrêmement paradoxale et « marrane ». Son principe directeur fut essentiellement le suivant : celui qui est réellement comme il est dans son apparence ne saurait être un véritable « croyant ». En pratique, cela signifie ceci :

La « vraie foi » ne peut pas être une foi que les hommes professent en public. Au contraire, la « vraie foi » doit toujours demeurer cachée. Chacun a le devoir de la nier extérieurement, car elle est comme une semence qui a été plantée dans le lit de l'âme et qui ne peut croître sans avoir d'abord été recouverte. Pour cette raison, tout juif est tenu de devenir marrane.

De même, un « acte vrai » ne peut pas être un acte accompli en public, aux yeux de tous. Comme la « vraie foi », l'« acte vrai » demeure caché, car c'est seulement en le cachant qu'on peut nier la fausseté de ce qui est explicité. Par un renversement des valeurs, ce qui auparavant était sacré devint profane et ce qui auparavant était profane devint sacré. Il ne suffit pas d'inventer de nouvelles méditations mystiques *(kavanot)* pour s'adapter au changement des temps. Il faut un nouveau type d'acte. Avant la venue du Rédempteur, l'intérieur et l'extérieur étaient en harmonie et il était possible de réaliser de grands *tiqounim* par l'observance extérieure des préceptes. Mais maintenant que le Rédempteur est venu, l'intérieur et l'extérieur sont en opposition : le précepte intérieur qui, seul, peut réaliser un *tiqoun*, est devenu synonyme de transgression extérieure. *Bitoula chèl Tora zéhou qiyouma* : « La violation de la Tora est maintenant son véritable accomplissement. »

Le destin du shabataïsme

Le shabataïsme prit une première forme, celle des « croyants » qui choisirent le « marranisme volontaire » sous la forme de l'islam. Il s'agit de cette secte appelée *Dunmeh* (mot qui signifie « apostat » en turc).

La seconde forme fut celle des « croyants » dits modérés qui demeurèrent juifs traditionnels dans leur vie extérieure mais qui, intérieurement, adhéraient à la nouvelle Tora. Quelques groupe de personnes existèrent dans les Balkans et en Palestine. Au XVIIIe siècle, on trouve des *maaminim*, c'est-à-dire des croyants, dans le nord et l'est de l'Europe où ils furent concentrés, en particulier en Podolie et dans certaines villes voisines comme Buczacz, Busk, Gliniany, Horodenka, Zholkiew, Tysmenieca, Nadworna, Podhaice, Rohatyn et Satanow, mais aussi en d'autres pays, en particulier la Roumanie, la Hongrie et la Moravie.

Les shabataïstes restés juifs finirent par assurer la transition entre le déclin shabataïste et la naissance du hassidisme.

Un dernier sursaut du shabataïsme : le frankisme

Il nous reste à aborder un dernier point, un dernier sursaut du shabataïsme avant d'aborder le hassidisme.

Il s'agit d'une des formes que prit le shabataïsme sous l'impulsion de Jacob Frank.

Jacob Frank (1725-1791) restera dans la mémoire des hommes comme le cas le plus effrayant de l'histoire du judaïsme. Que ç'ait été pour des raisons personnelles ou pour d'autres raisons, ce chef religieux se comporta dans tous ses actes comme un personnage absolument corrompu et dégénéré. On pourrait avancer évidemment que le mouvement shabataïste, poussant à bout son potentiel presque infini de contradiction et d'inattendu, devait rencontrer un jour sur son chemin justement une forte personnalité comme la sienne pour provoquer l'extinction de sa dernière flamme intérieure et pervertir les derniers désirs de vérité et de bonté animant encore les « croyants », au milieu des décombres de leurs âmes. Même si l'on admet que la doctrine du péché sacré, c'est-à-dire de la *mitsva habaa baavéra*, ait pu par elle-même faire déjà de nombreux ravages, il est certain que ce fut une secousse bien plus profonde encore pour les « croyants » quand ils se trouvèrent en présence de la personne de Frank. Ils s'étaient déjà engagés sur ce terrain glissant où plus rien ne saurait être tenu pour impossible, aussi est-ce peut-être précisément ce qui les attira chez Frank. Car Frank fut un homme qui ne craignit pas de pousser toutes choses à l'extrême, prêt à faire les derniers pas vers l'abîme et à vider jusqu'à la lie la coupe de la désolation et de la destruction, jusqu'à ce que le dernier instinct de sainteté fût tourné en dérision. Ses admirateurs, qui étaient bien loin d'avoir ses capacités, étaient séduits par son audace, et comme ni la crainte de Dieu ni celle de l'enfer ne l'arrêtaient, ils en vinrent à voir en lui le type même du saint véritable, un nouveau Shabataï Tsevi, Dieu incarné.

Un grand nombre de partisans de Frank se convertirent avec lui au catholicisme ; c'était en 1759.

Cependant la plupart des frankistes restèrent juifs ; presque tous vivaient en Bohême et en Moravie et une grande majorité aussi en Hongrie et en Roumanie.

Frank fut un nihiliste, un nihiliste d'une rare authenticité. Il n'était pas un penseur spéculatif original. Mais il avait le don de trouver des formules bien frappées, des exemples éloquents et des images concrètes [28].

Ses aphorismes sont réunis dans un recueil intitulé « Les Sentences du Seigneur » (écrit en polonais sous le titre *Sliwa Panskie*) [29].

Sa doctrine ne prêche que la désolation.

Pour ce nouveau prophète, il faut se libérer de toutes les lois, conventions et religions.

La voie authentique consiste à éliminer tout acte religieux et toute croyance positive.

« Je ne suis venu en ce monde que pour détruire et anéantir », disait-il.

Nous trouvons ici un élément essentiel que l'on retrouvera comme fondement dans le hassidisme.

« Pour monter, il faut d'abord descendre », disait-il.

« Nul ne peut gravir une montagne sans s'être trouvé d'abord à son pied. Nous devons descendre jusqu'au niveau le plus bas si nous voulons faire l'ascension de l'infini. Tel est le principe mystique de l'Échelle de Jacob que j'ai vue et qui a la forme d'un V [30]. »

« Je ne suis pas venu dans ce monde pour votre élévation, mais pour vous précipiter dans l'abîme. On ne saurait descendre plus bas. On ne peut remonter de là par ses seules forces, car seul le Seigneur peut nous tirer de telles profondeurs par le pouvoir de son bras. »

L'homme ne sera vraiment libre que lorsqu'il sera capable de mener une vie anarchique.

« Dans le lieu où nous allons, il n'y aurait plus de lois, car celles-ci sont nées de la Mort et nous sommes liés à la Vie. »

Plus original encore.

Le Messie sera une femme : « Une belle jeune fille sans yeux. »

Il y a aussi chez Frank un « devoir du silence », c'est-à-dire l'obligation de demeurer toujours d'une grande discrétion sur le fait qu'on est devenu « croyant ». Nous trouvons ici une nouvelle version du précepte shabataïste primitif, celui de ne pas paraître tel que l'on est réellement. Nous rencontrons ici aussi l'aspect marrane que nous avons rencontré chez les shabataïstes. La conversion de Jacob Frank en 1759 est une autre version de la descente en enfer pour la recherche des étincelles.

On peut cependant souligner, comme le fait Sholem, le côté positif du nihilisme de Frank et de ses adeptes.

Dans la mesure où des partisans de Frank restaient eux aussi dans la communauté juive et y exerçaient une influence, ils posaient, par leur conduite même, la question de l'impossible continuité de la communauté juive conservatrice, de type médiéval, non seulement trop violemment anachronique par rapport à l'évolution de l'extérieur, mais qui s'acheminait aussi à la brisure de l'intérieur.

Ainsi peut-on dire avec Mandel[31] que les frankistes étaient simplement les révolutionnaires du milieu juif et représentaient davantage l'avant-garde de ce que fut par là le judaïsme dit émancipé que la continuité de la nouvelle Cabale de Safed, via l'hérésie shabataïste et ses nombreuses déviations.

C'est à la même époque que surgit le hassidisme.

CHAPITRE VII

Le Baal Chem Tov

Le fondateur du hassidisme

Au moment où l'imagination juive fut près de s'épuiser, lorsque l'esprit, dans ses recherches des impossibles possibilités de la loi talmudique, se trouva dans une impasse, alors que les cœurs et les corps étaient encore traversés par la souffrance de 1648 et que le vent de folie messianique du shabataïsme et du frankisme soufflait encore, un miracle se produisit. « Que la lumière soit » et la lumière fut : Rabbi Israël, fils d'Eliezer, dit le Baal Chem Tov, le « Maître du Bon Nom », entra dans la scène de l'histoire. Le hassidisme moderne inaugurait sa grande marche.

Sur le plan de l'histoire, le personnage demeure imprécis, nébuleux. On ne peut rien affirmer à son sujet avec certitude. Ceux qui prétendent l'avoir connu, approché ou aimé sont incapables d'en parler autrement qu'en poètes. Ils le décrivent comme un rêve.

Le Baal Chem Tov est entre le mythe et le réel, entre la fiction, la fabulation et le vécu. Il n'a laissé aucun élément autobiographique valable. « Obsédé par l'éternité, il négligea l'histoire et se laissa porter par la légende[32]. »

On retient, en dehors de cette légende, quelques dates, quelques faits qui ont une tonalité historique, mais peut-être pas plus. Certains le font naître en 1690, d'autres en 1700. Tous s'accordent sur l'année de sa mort : en 1760.

Il naît de parents âgés et pauvres à Okop, une petite ville de Podolie. Très tôt orphelin, il s'assura une maigre subsistance comme aide-instituteur. La tradition hassidique veut qu'à l'âge de vingt ans, il se soit retiré dans la solitude des Carpates pour vaquer à des exercices spirituels et à la préparation de sa vocation. Il vécut ainsi plusieurs années en creusant la terre pour en extraire l'argile que sa femme vendait à la ville.

A trente-six ans, il réapparut comme maître spirituel. Plus tard, il s'installa à Medjiboj, une autre petite ville de Podolie.

C'est là qu'il mourut en 1760 [33].

Il ne faut pas cependant croire, comme le laisse supposer la légende, que le Becht (abréviation de Baal Chem Tov, il faudrait en fait dire le Bacht) vient de nulle part. L'Europe de l'Est de cette époque était parcourue par un ensemble de personnages mi-clochards, mi-sages, thaumaturges, rebouteux, prédicateurs.

Cette « intelligentsia errante » comme la nomme Josef Weiss [34] mena un rôle déterminant dans la propagation du mouvement shabataïste. Ils eurent la fonction de relais et de transmetteurs, faisant circuler les nouvelles idées plus vite que n'importe quelle publication. Ils avaient des points de chute dans toutes les bourgades. Ils avaient une prédisposition particulière à l'accueil des nouvelles de caractère révolutionnaire qui pouvaient renverser l'ordre établi.

Le Baal Chem Tov faisait partie de cette intelligentsia souterraine. L'expression désigne les médecins, les magiciens populaires qui circulaient de village en village pour vendre remèdes et amulettes. Les médicaments étaient essentiellement à base de plantes médicinales. Mais précisons que le terme de *Baal Chem* était méprisant même à l'intérieur de cette confrérie bohème ; c'était un des niveaux les plus bas, sans rapport avec l'importance d'un prédicateur par exemple.

Dans cette période prédomine la figure du *Tsadiq noded*, du « juste errant ».

Le Becht faisait partie de cette confrérie bohème, toujours en voyage, toujours porteuse d'une nouvelle et bonne parole.

Ces voyageurs expliquaient ainsi en partie la nécessité de leur voyage : *il s'agissait de rassembler les étincelles de sainteté éparpillées à travers le monde*. Nous commençons à entrevoir ici le lien entre la Cabale de Louria, le shabataïsme et le hassidisme. On pourrait le nommer : « Voyages d'une étincelle ».

CHAPITRE VIII

L'opposition au hassidisme

La première campagne d'intimidation, de dénigrement et de répression contre le mouvement dissident, c'est dans l'orgueilleuse Lituanie qu'elle fut élaborée et mise en œuvre. On se souvenait encore des conséquences néfastes de la diffusion des doctrines des faux messies Shabataï Tsevi et Jacob Frank aux XVIIe et XVIIIe siècles ; eux aussi avaient tenté d'affranchir les juifs des lois trop rigides ; ils avaient aussi mis l'accent sur la quête mystique et la joie collective comme voie de rédemption. Aussi soupçonnait-on d'hérésie chaque idée, chaque expérience qui ne découlait pas directement d'une observance stricte de la *Halakha* (loi traditionnelle).

Le Gaon de Vilna qui, depuis l'âge de treize ans, depuis sa *bar-mitsva*, vivait en ascète reclus parmi ses livres et manuscrits, réaffirmait que le juif ne peut revendiquer son judaïsme qu'en obéissant à *tous* les commandements de la Tora. Il respectait Maïmonide comme codificateur génial, mais non pour son œuvre philosophique. Selon lui, les lois avaient été données pour être observées, un point c'est tout. Il ne fallait pas chercher à les comprendre, et moins encore à les changer. Ce qui était bon pour Moïse et Rabbi Aqiba doit l'être pour nous aussi. Et voici qu'un groupe prétendait modifier le code de vie et le comportement des individus et de la collectivité ; voici une secte dont les chefs se permettaient d'altérer les livres et les heures de prière, et d'ébranler l'importance de l'étude talmudique en affirmant que la récitation des Psaumes pèse autant que l'approfondissement de la Tora !

A lire les documents et les pamphlets anti-hassidiques,

on a l'impression qu'outre les question de doctrine, il y avait le problème des mœurs : les faits et les gestes avaient de quoi choquer les rationalistes sobres et rigoureux de Lituanie. Ces derniers n'appréciaient pas l'exhibitionnisme trop spectaculaire des hassidim qui criaient en priant, s'agitaient, frappaient les murs et les pupitres pour atteindre l'extase. De plus, ils se réunissaient dans des demeures privées où ils se racontaient des histoires abracadabrantes et apprenaient des airs populaires au lieu d'étudier la Bible. Pire : ils buvaient un peu, ou beaucoup ; disons : un peu trop. Les « gens bien » ressentaient tout cela comme un outrage et criaient au blasphème. D'autant plus que çà et là la « secte » rencontrait quelque succès, surtout chez les prédicateurs mécontents, chez les surveillants d'abattoir pauvres. Eh oui, la forteresse présentait des points vulnérables. Des fissures apparaissaient. Raison de plus pour que les notables sévissent et tentent d'arrêter la vague.

La tâche des opposants était d'autant plus ardue que le Maguid de Mézéritch, premier successeur du Becht, avait eu l'intelligence d'envoyer ses meilleurs éléments comme émissaires en Lituanie.

On ne trouvait nulle part des hommes de la stature d'un Rabbi Shnéour Zalman de Lyadi, fondateur du *Habab*. Avec son ami Rabbi Mendel de Vitebsk, il enseignait en Russie blanche, mais son rayonnement s'étendait jusqu'à Vilna. Talmudiste sans égal, cabaliste prodigieux, il attirait les jeunes savants que le mouvement intriguait. Ses pires ennemis ne pouvaient l'accuser, lui, d'ignorance. Les notables avaient donc raison de se sentir menacés. Et d'agir.

Un autre facteur vint exacerber les tensions : la diphtérie qui, à cette époque, ravageait la ville de Vilna ; des centaines d'enfants périrent. Comme d'habitude, on vit là le signe d'un châtiment. Qui dit châtiment dit péché. Qui donc étaient les pécheurs ? On les trouva facilement : les membres de la fraction hérétique, les hassidim. Du coup, on les accusa de tous les méfaits imaginables ; d'ailleurs, ils manquaient de déférence à l'égard du Gaon, donc envers ses connaissances, donc à l'égard de la Tora elle-même. Il fallait les punir. Certains furent fouettés en public, d'autres chassés de la ville. On dispersa les centres d'accueil hassidiques, on humilia leurs animateurs. On décida de pousser plus loin la répression en jetant l'anathème sur les hassidim en masse.

On mobilisa contre eux les communautés proches et lointaines. Une lettre à cet effet fut signée par les rabbins d'Amsterdam, de La Haye, de Metz et de Prague. La première cérémonie d'excommunication — accompagnée, selon le rite, du son du chofar et à la lumière de bougies noires — se déroula après Pâque 1772 ; d'autres suivirent, nombreuses dans les grandes villes de Lituanie et de Russie blanche. Au nom de Gaon de Vilna et d'autres sages célèbres, on bannit les mariages avec les « sectaires » ; on interdit de partager leurs repas et d'entretenir avec eux des relations, même d'affaires. Lecture de l'édit fut donnée dans les foires et dans toutes les assemblées. C'était la guerre. La guerre ouverte[35].

La réaction à l'écrit de Rabbi Yaaqov Yossef, le premier grand idéologue du mouvement, fut virulent. Le Gaon de Vilna considéra l'écrit comme le comble de l'insolence.

Avec un fanatisme tout médiéval et assez monacal, le Gaon ordonna immédiatement dans toutes les communautés de son obédience l'autodafé du *Toldot Yaaqov Yossef*. La scène de l'autodafé dans la ville de Brody a été maintes fois décrite. On en retire surtout l'impression d'un très haut degré de fanatisme de la part des adversaires du hassidisme.

Avec le temps et la persévérance des grands maîtres comme Rabbi Shnéour Zalman et Rabbi Nahman de Braslav, le hassidisme enseigné conquit les cœurs et les esprits et la querelle s'atténua.

Rabbi Shnéour Zalman fut interné à la prison de Saint-Pétersbourg. Le jour de sa libération fut une grande victoire pour le hassidisme. Il est encore fêté aujourd'hui le 19 Kislev (au mois de novembre ou décembre) par ses adeptes.

Si on regarde la situation contemporaine, on s'aperçoit que la querelle n'est pas terminée. Elle resurgit de temps en temps ; excommunication et autodafé sont alors de rigueur.

Non, les hommes ne sont pas devenus plus généreux et plus intelligents ! L'intolérance, le fanatisme et la bêtise sont malheureusement encore bien partagés !

DEUXIÈME PARTIE

LA SAGESSE DANSANTE DU HASSIDISME

L'enfant regardait le vieil homme qui dansait et qui semblait danser pour l'éternité.

— Grand-père, pourquoi danses-tu ainsi ?

— Vois-tu mon enfant, l'homme est comme une toupie. Sa dignité, sa noblesse et son équilibre, il ne les atteint que dans le mouvement…

L'homme se fait de se défaire, ne l'oublie jamais !

CHAPITRE I

Les voyelles du désir

Une éthique de l'action et de la parole

Nous avons beaucoup insisté dans cet essai sur la métaphore des étincelles, tout d'abord dans la Cabale de Louria, puis dans le shabataïsme. Il nous faut à présent voir quelle forme les étincelles, et plus particulièrement « l'élévation des étincelles », ont prise dans le hassidisme.

La mutation du concept se situe essentiellement dans le passage du collectif à l'individuel, de la responsabilité collective à une responsabilité propre au regard de la vie quotidienne la plus intime et de son entourage. Tout homme devient le rédempteur d'un monde qui est le sien, il porte ce que lui, et lui seul, doit porter, il éprouve cc que lui seul peut éprouver.

Nul ne peut accomplir l'œuvre de son semblable, nul ne peut faire s'élever une étincelle qui ne soit pas la sienne.

C'est cette *personnalisation des étincelles* qui est la grande révolution hassidique. L'homme sort du magma collectif de l'institution pour devenir un « sujet » au sens fort du mot.

Le Baal Chem Tov et ses disciples insistent sur les liens mystiques qui existent entre l'homme et son entourage immédiat.

Chaque homme doit rechercher les liens contenant des étincelles tirées de la racine de son âme afin de les libérer.

Pour le dire autrement, la mutation entre la Cabale de Louria et la doctrine hassidique est le passage du plan ontologico-métaphysique au plan psychologique et personnel.

Les textes hassidiques hésitent sur un point de cette théorie : l'élévation des étincelles personnelles est-elle affaire de tout homme ou du *Tsadiq* seulement ? De manière générale, on peut dire que le dilemme se retrouve dans les domaines de la doctrine hassidique. Il semble qu'il soit encore d'actualité. Personnellement, nous choisissons le chemin qui donne à chacun la possibilité de construire lui-même son chemin et de rencontrer ses propres étincelles.

Quoi qu'il en soit, la nouvelle compréhension de *l'élévation des étincelles* a profondément marqué le hassidisme à plusieurs niveaux. En particulier, en ce qui concerne le rapport aux textes et le rapport à l'étude. Les étincelles sont présentes partout sans exception. Il n'y a donc aucune place pour un secteur qu'on pourrait dire profane en opposition à des domaines particuliers de sainteté.

L'homme a partout l'occasion et même l'obligation de faire s'élever les étincelles, mais partout l'oubli de sa responsabilité le menace. Une conscience éveillée peut découvrir l'« étincelle » dans chaque domaine de la vie et peut demander ainsi au monde une signification plus haute et plus féconde.

Cette vision du monde n'a rien à voir avec un panthéisme mais plutôt avec un apprentissage à regarder le monde avec à chaque fois un regard neuf. Ainsi les actes simples et insignifiants deviennent fondamentaux.

Il y a presque ici une attitude phénoménologique avant la lettre, un retour aux choses mêmes, un retour au concret et à l'existence.

Le retour à l'existence n'est pas le lieu d'un matérialisme grossier ou naïf mais celui d'un renouvellement de la transcendance en l'homme. Retrouver les étincelles dans chaque chose veut dire rechercher en chaque chose l'absolu qui nous échappe mais qui crée une distance et un désir, une question et un mouvement d'au-delà de soi-même qui est justement la vie de l'existence au sens étymologique, de la capacité de sortir de soi, de se dépasser et de s'inscrire dans un mouvement de création. C'est *là* où l'homme se trouve qu'il doit faire briller la vie cachée de l'absolu.

Ce « là » n'est pas seulement la destruction des arrière-mondes. Il signifie plutôt et plus profondément les retrouvailles avec la transcendance à l'intérieur même du monde.

Il y a une saisie existentielle des étincelles sacrées en toutes choses.

Cela signifie que les choses sont ouvertes au temps de la fécondité et à la créativité.

Élever les étincelles, cela signifie mener une vie plus pleine. Nous allons montrer dans les pages suivantes différentes facettes de l'élévation des étincelles. Les étincelles seront sous-jacentes à tous les propos qui vont suivre.

Nous avons essayé de montrer tout au long de notre parcours que le hassidisme insistait sur la mise en place d'une responsabilité de chacun en face de son histoire.

Le hassidisme met en place une *éthique.*

L'éthique n'est pas un mot, mais un mouvement, une recherche, une brisure. Il y a éthique quand il y a « recherche d'un lieu où la parole met en acte ses points de renouvellements, alors que tout est supposé acquis, déjà là, à commencer par la langue où l'on baigne, héritage qu'il n'y aurait plus qu'à faire tourner... en rond [1] ».

La parole, la langue et le langage ne sont pas pris ici dans leur sens purement linguistique ; ils désignent l'ensemble des signes du monde, du corps, de la société, bref, de tout ce qui s'organise pour signifier quelque chose. Ainsi peut-on parler d'une éthique de la parole, de l'action, du savoir.

Action, naissance et liberté

Pour le hassidisme, l'éthique de l'action signifie qu'il y a un agir qui correspond à la faculté humaine de commencer, d'entreprendre, de prendre une initiative. L'action éthique s'oppose au comportement, qui n'est que le geste répété imitant un geste déjà fait, sans avoir la force de l'innovation.

L'éthique de l'action hassidique est l'interruption du flux de la vie qui conduit vers la mort ; elle est la faculté de commencer du neuf, nous rappelant constamment que les hommes, *bien qu'ils doivent mourir, ne sont pas nés pour mourir mais pour innover.*

L'action hassidique est une naissance. Elle est liberté. Parce que nous sommes nés, nous sommes condamnés à être libres.

L'action hassidique, qui s'oppose au geste de répétition, souligne que l'homme est un nouveau commencement, un initiateur.

L'éthique est ainsi liée au concept de « natalité ». L'homme peut avoir une action éthique parce qu'il est « être-pour-la-naissance ». La capacité même de commencer a sa racine dans la natalité, dans le fait pour l'être humain d'apparaître par vertu de naissance.

Nous rejoignons ici ce que le Talmud nomme *Pidione habène*, le rachat du fils [2], qui signifie que le premier-né mâle n'appartient pas d'emblée à ses parents. Pendant trente jours symboliques, l'enfant appartient au Cohen, au prêtre. Le père doit racheter son premier-né — geste qui se répercute sur tous les enfants. Les liens biologiques n'impliquent aucune propriété : le père, la mère, l'enfant doivent prendre conscience de la naissance, non comme d'une continuité, mais comme d'une rupture.

Il y a nécessité de se sentir créature.

Naître, être une créature sont deux concepts essentiels à l'existence même de l'éthique. Dans l'histoire des idées, on peut comprendre ainsi l'enjeu fondamental de la discussion entre Aristote et Maïmonide sur la création ou la non-création du monde [3].

L'action hassidique *envisage le monde non pas dans ce qu'il est mais dans ce qu'il a à être*. La création du monde et de l'homme fait advenir un monde et un homme qui ne soit pas le tout. L'éthique réside dans ce « ne-pas-être-le-tout ». La perfection de l'homme n'est pas l'« être-total » mais le « ne-pas-encore » de l'être-total.

Dans une formule chère à André Neher, on peut dire que la « perfection de l'homme est sa perfectibilité ». Par l'événement de sa mise au monde, l'homme est liberté, celle-ci portant en lui la promesse d'un « avoir-à-être ».

Cette éthique de l'action implique une prise de position

par rapport au principe de raison et à la philosophie de l'Histoire.

En effet, pour qu'il y ait action éthique, c'est-à-dire un geste fondé sur la nouveauté, il faut que l'histoire ne se laisse pas réduire au simple décalque d'un ordre rationnel préconstitué.

L'action éthique se pense dans la perspective d'une altérité radicale et exclut une théorie causaliste. Elle est ce qui envisage la nouveauté sans céder au vertige de l'identique. Il y a des risques...

Les voyelles du désir

L'action hassidique que nous venons de décrire est corollaire d'une modalité de la parole que l'on nomme aussi éthique.

La parole hassidique est une éthique de la parole. L'éthique de la parole est le refus de la parole instituée, morte depuis longtemps sous le poids de son insignifiance. L'éthique de la parole, la parole éthique, est une *mise en mouvement du dire contre le déjà-dit*.

L'éthique est ainsi brisure, cassure, fissure. Elle est d'abord éclatement du mot en ses lettres, soulignant que le rapport entre les voyelles et les consonnes n'est pas une évidence et qu'il faut y introduire le Désir [4]. La parole éthique n'est pas celle qui est transmise en héritage ; elle n'est pas le testament, ancien ou nouveau, elle n'est ni parole annoncée ni parole annonçante ou réalisante.

Elle ne vient rien combler. Au contraire, elle introduit le blanc, l'espace, l'intervalle, la distance. Elle est balbutiement ; telle la parole de Moïse, tel le son brisé et hésitant du *Chofar*.

La parole hassidique est rire, danse et jeu. Elle ouvre la parole à elle-même ; elle s'oppose au langage préfabriqué du concept, du cliché, de la publicité, de la politique. Elle est contre le « nous-disons-tous-ensemble-la-même-chose ».

C'est une parole où le sujet se construit dans sa parole (et se déconstruit) ; où il est présent (même à son insu), c'est dire qu'une parole de l'ordre de l'inconscient est fondamentalement éthique dans la mesure où elle met en mouvement, où elle ébranle le déjà-parlé.

La parole hassidique n'est donc pas la parole du Livre autour duquel le groupe se recueille, pour former un être-ensemble. La parole hassidique est au contraire ce qui permet l'échec du groupe tout en lui permettant de se constituer autour de cet échec.

Le groupe, c'est-à-dire le « nous » du discours de l'administration totale, du discours clos, rêve d'effacer toutes les différences, toutes les singularités, toute altérité.

La parole hassidique, c'est ce qui échappe à l'effacement des différences.

CHAPITRE II

Pour une parole existentielle

L'éthique du hassidisme propose un ensemble de processus permettant de s'affranchir des formes instituées de l'expérience, pour inventer de nouvelles formes de vie.

Les différentes actions de l'homme doivent essayer d'inventer de nouvelles formes d'expérience jamais consignées. Une telle éthique n'est pas un devoir abstrait mais option de vie.

L'homme hassidique est homme du *hidouch*, de la nouveauté. De ce fait, l'éthique est liée à l'herméneutique ; cette dernière n'est pas seulement à entendre comme expérience de la compréhension sémantique, mais incarne une attitude fondamentalement existentielle, rendant possible l'invention de soi. L'éthique hassidique soutient que chacun a le devoir de rechercher la liberté d'inventer d'autres formes d'expérience.

Cette éthique n'assimile pas la liberté à la découverte de quelque vérité ou de quelque authenticité, mais à un constant effort d'affranchissement et d'invention de soi, du risque de soi.

L'homme du *hidouch* existe dans ce qui fait que chaque jour n'est pas répétition du jour qui précède. Dans la langue de Rabbi Nahman, cela se traduit par « l'interdiction d'être vieux ».

L'éthique talmudique est une exigence de l'inimitable.

Historiquement, le hassidisme s'est révélé être une critique de l'institution rabbinique officielle de l'époque. Cette critique peut s'étendre à toute institution de manière générale.

Mais ce que le hassidisme a le plus apporté, c'est la

démocratisation de l'étude, la possibilité pour chacun d'accéder à l'interprétation.

Ce rapport subjectif devant les textes existait déjà dans la tradition talmudique, mais l'étude était devenue réservée à une élite. La pensée devenait dogmatique, idéologique.

On peut saisir la mutation hassidique dans cette petite histoire qui peut être considérée comme le paradigme de la révolution culturelle et existentielle apportée par le hassidisme.

> Un disciple vint voir son Maître qui lui demanda : « Qu'as-tu appris ? »
> Le disciple répondit : « J'ai traversé trois fois le Talmud », et le Maître lui dit : « Mais est-ce que le Talmud t'a traversé ? »

Le hassidisme a redonné à l'étude toute sa dimension subjective et existentielle.

Pour comprendre la dimension existentielle de l'étude introduite par le hassidisme, il faut la comparer à une autre approche que nous intitulons approche historique. Celle-ci s'est rencontrée dans l'histoire avant le hassidisme et après lui. Mais le hassidisme a ouvert une nouvelle voie qu'il devenait impossible d'ignorer.

Le hassidisme opère ce qu'on pourrait appeler une révolution copernicienne, dans le même sens que la philosophie critique l'a entendue, c'est-à-dire une révolution dans la méthode, dans le rapport aux choses. Au lieu de rechercher les propriétés les plus générales de l'être, à la manière de l'ontologie traditionnelle, il s'agit de retrouver l'homme oublié sous le poids des objets et de leur vérité. L'étude classique tel qu'un certain courant l'avait développée et imposée avait transformé le texte, la Tora et le Talmud en un simple objet d'exploration technique, voire mathématique, et avait exclu de son horizon le monde concret de la vie. Plus l'homme pré-hassidique avançait dans son savoir, plus il perdait des yeux et l'ensemble du monde et soi-même, sombrant dans l'oubli de l'homme et du « visage humain ».

Ce que nous appelons méthode historique objective, ou encore scientifique, c'est-à-dire qui est entreprise en vue d'un *savoir*, consiste à vouloir comprendre le texte, les textes.

Le hassidisme veut comprendre l'homme. Pour lui, « comprendre un texte, c'est toujours d'abord se comprendre devant le texte ».

Insistons encore sur la méthode historique des textes, le contrepoint avec la recherche existentielle sera d'autant plus parlante.

a) *L'approche historique* des textes est la méthode historique qui considère le passé appartenant résolument à l'Histoire. Le passé ne devient intelligible qu'après médiation savante et critique de l'historien. Dans cette instance, les textes acquièrent une dimension mythique et sont considérés comme un « tissu mythogène de survivance » que le savant essaie de déchiffrer. Il essaie de trouver, de reconstituer, de comprendre la vie des Hébreux dans le désert, la vie des juifs à l'époque du Talmud, etc. Il nous montre comment la langue, le vêtement, l'habitat juifs ont été empruntés au monde grec ou romain ; le philologue trouve son miel dans le déchiffrement de mots aux consonances perses, grecques ou latines, ce qui lui donne la possibilité de mettre en lumière des rapprochements ou des éloignements de coutumes, de mentalités et de mythes.

Malgré cette volonté et cet effort de connaître les textes et les traditions, l'historien garde ses distances ; en d'autres termes, il fait en sorte que le passé reste le passé et le présent, le présent. La méthode historique consiste à objectiver la tradition et à éliminer méthodiquement toute influence que pourrait exercer sur la compréhension le présent dans lequel vit l'historien.

L'interprète-historien aborde son sujet d'étude avec une règle précise : « Seul comprend celui qui sait se tenir hors du jeu. »

A qui s'adressent les textes de la Tradition ? Pour l'historien, la réponse à cette question est très simple ; à tous, sauf à lui-même. Suivant cette façon dont s'interprète la méthodologie des sciences humaines, on peut dire que l'interprète imagine un destinataire pour tout texte, que celui-ci soit expressément désigné par le texte ou non. Le destinataire est dans tous les cas le lecteur premier avec lequel l'interprète se garde de se confondre. Il est impossible pour l'historien de se concevoir lui-même comme le destinataire du texte, de se soumettre à l'exigence d'un texte.

L'historien travaille à partir des hypothèses suivantes : il faut se transporter dans l'esprit de l'époque, penser selon ses concepts, selon ses représentations, et non selon sa propre époque pour atteindre de cette façon l'objectivité historique. Tout cela revient à dire que la distance temporelle est un obstacle à la compréhension : compréhension objective. Ou bien, paradoxe : cette distance temporelle est ce qui justement rend possible la situation historique de l'interprétation. La connaissance objective ne pourrait être atteinte que sur la base d'une certaine distance historique. Cependant, même si cette mise à distance de l'objet conditionne une certaine objectivité et une certaine positivité de la recherche, apparaît aussitôt tout l'aspect négatif de la méthode historique reposant en fait sur l'hypothèse tacite qui énoncerait : une chose ne devient connaissable objectivement, dans sa signification durable, que si elle appartient à un contexte bien délimité. En d'autres termes, lorsqu'elle est assez morte pour ne plus présenter qu'un intérêt historique...

b) Pour *l'approche existentielle*, aucune distance temporelle ne sépare l'interprète du texte. On pourrait citer, en exergue de cette approche, ce célèbre texte de Midrach commentant le verset 15 du chapitre 29 du Deutéronome : « Ce n'est pas avec vous seuls que je conclus cette alliance, ainsi que cette adjuration, mais encore avec quiconque se trouve ici présent aujourd'hui avec nous en présence de Dieu... et avec quiconque ne se trouve pas ici aujourd'hui avec nous. »

Tous ceux qui vont naître dans le futur jusqu'à la fin de toutes les générations étaient présents avec eux au mont Sinaï (*Pirqué de Rabbi Eliézer*, chap. 41).

L'attitude existentielle se fonde sur l'idée que chaque

époque doit comprendre à sa manière le texte transmis. Le véritable sens d'un texte tel qu'il s'adresse à l'interprète ne dépend pas de ces facteurs occasionnels que représentent l'auteur et son premier public. Du moins, ne s'y épuise-t-il pas.

Ainsi peut-on énoncer que le sens d'un texte — si c'est un grand texte — dépasse son auteur non pas occasionnellement, mais toujours : c'est pourquoi la compréhension n'est pas une attitude uniquement reproductive, mais aussi, représente toujours une attitude productive.

Il ne s'agit pas de mieux comprendre, mais de comprendre autrement. Dans ce cadre, la distance temporelle doit être considérée comme une possibilité positive et productive donnée à la compréhension. « Elle n'est donc pas un abîme béant, mais elle est franchie grâce à la continuité de provenance et de transmission à la lumière de laquelle toute tradition s'offre à nos regards[5]. »

L'approche existentielle repose sur l'implication personnelle de l'interprète dans l'événement de la compréhension. L'interprète est littéralement « inter-essé » par le texte qu'il commente et comprend ; les idées propres de l'interprète sont, dès l'origine, impliquées dans la reviviscence du sens du texte ; son horizon personnel devient déterminant. Mais il ne l'est pas à la manière d'un point de vue personnel qu'on maintient ou qu'on impose, mais plutôt comme une opinion ou une possibilité qu'on fait entrer en jeu, qu'on met en jeu et qui aide à une appropriation véritable de ce qui est dit dans le texte.

Le lecteur-traducteur-interprète existentiellement confronté aux textes ne cherche jamais dans un premier temps à remonter à une vie passée, à un sens passé. Son « comprendre » signifie la participation présente à ce qui est dit.

L'interprétation subjective précède la compréhension elle-même.

En fait, ce n'est pas le texte qui est compris, mais le lecteur. Il se comprend.

Comprendre un texte, c'est, dès l'abord, l'appliquer à nous-mêmes. Mais cette application ne réduit pas le texte car nous savons que le texte peut et doit toujours être compris autrement.

CHAPITRE III

Le *Tsimtsoum* de l'esprit

Le « manifeste » de Rabbi Nahman de Braslav

Pour le hassidisme, la première attitude face à la tradition est la contestation. Elle permet de faire obstacle à la transmission des stéréotypes caractéristiques des discours idéologiques.

Le hassidisme refuse que la parole d'un texte s'écoute au travers de la grille sémantisée et sédimentée d'un discours. On comprend pourquoi Rabbi Nahman de Braslav (1772-1810) tint un jour ces propos si radicaux :

> « Il y a des maîtres rabbiniques réputés pour leurs connaissances de la Tora. Ils possèdent une ample connaissance des textes et des interprétations données par leurs devanciers. Mais, précisément, de ce fait, ils sont dans l'impossibilité d'innover [*lehadèch*] dans la Tora car ils sont trop savants.
>
> Lorsqu'un de ces maîtres va innover quelque chose, aussitôt son savoir gigantesque le trouble, l'enferme ; il commence à formuler de nombreux préliminaires et à faire le résumé de la synthèse de ses connaissances sur le sujet et, de ce fait, ses propres paroles s'embrouillent et il ne peut prononcer aucune parole nouvelle intéressante.
>
> Lorsque quelqu'un désire innover des paroles nouvelles [des sens nouveaux], il doit restreindre son savoir [littéralement : faire le *Tsimtsoum* en son esprit], c'est-à-dire faire le vide, ne pas se précipiter dans des considérations préliminaires connues qui embrouillent son esprit et qui ne sont pas nécessaires à l'innovation. Il doit faire comme quelqu'un qui ne sait pas et, seulement alors, il peut innover des sens nouveaux progressivement en ordre.
>
> Celui qui veut innover des sens dans le Tora, il lui est permis d'innover et d'interpréter tout ce qu'il veut, tout ce qu'il

aura la chance d'innover par son esprit, à condition qu'il n'innove pas de nouvelles lois.

Et il est même permis d'innover dans le domaine de la Cabale de R.I. Louria selon ses possibilités, tant qu'on n'innove pas de nouvelles lois [6]. »

En fait, pour le hassidisme — et Rabbi Nahman en est une figure des plus paradigmatiques — l'homme n'a pas *seulement le droit d'innover mais il en a le devoir.*

Innover ou mourir, telle est la devise.

Dans le texte des *Sihot haran* que nous venons de citer, Rabbi Nahman propose, d'une part, une méthodologie permettant d'accéder à la parole nouvelle, et, d'autre part, une critique virulente des maîtres (à entendre ici comme ceux qui pensent posséder une maîtrise sur leur parole et la parole des autres).

La méthode est connue ; nous ne sommes pas loin de la *docta ignorantia* ; c'est le « ne pas savoir », conséquence d'un *Tsimtsoum* de l'esprit. L'homme doit se retirer de « soi » pour pouvoir accéder à lui-même.

Le premier « soi » n'est pas véritablement « soi » ; il est construit, préfabriqué par les institutions. Le sujet est toujours d'abord le produit d'une préfabrication institutionnelle : « subjectivité préfabriquée ». Et lorsque l'individu commence à parler, il ne parle pas : il est parlé.

Ici se pose une question fondamentale : y a-t-il une « possibilité » d'échapper à cette situation ? Peut-on sortir de la subjectivité préfabriquée, de tous ces discours du prêt-à-parler par tous et par personne ? Le discours prêt-à-parler est le discours des institutions et celui de l'opinion. Cela est compréhensible puisque la vocation de l'institution — vocation inconsciente parfois — est de créer de l'opinion, et donc de la non-parole et de la non-pensée.

S'instaure ici ce que l'on peut appeler une *capture sociale de la subjectivité* [7]. Cela signifie que l'être et le texte entretiennent des relations profondes et fondamentales. Cela signifie que la « subjectivité, c'est d'abord cela : nous naissons pour incarner une certaine idéalité, une idéalité juridique, du sujet humain, en tant qu'exemplaires vivants, images nous-mêmes dans la reproduction de cette espèce particulière d'images que sont les textes, ces textes avec lesquels nous jouons notre identité dans la descendance sociale de la vérité[8] ».

Si être, c'est être selon le texte (les institutions), selon l'opinion qui appartient à l'espace où tout ce qui se dit a toujours déjà été dit, continue d'être dit, ne cessera d'être dit, alors « être ou ne pas être » ne fait plus question puisque, de toute façon, on n'est pas, mais simplement « être été ».

Si l'homme est jeté dans l'être impersonnel de l'institution sociale ou religieuse (pour Rabbi Nahman, dans la parole des maîtres sûrs de leur maîtrise) et s'il est impossible de faire advenir son propre monde, la question de l'être n'a plus d'importance (c'est-à-dire pour les tenants de cette idéologie). Ainsi pensé, l'homme est né avant la naissance (naissance non-sens).

Tout ce que nous venons de dire peut entrer dans ce qu'on pourrait appeler une philosophie de la Totalité et du Neutre.

C'est à cette philosophie totalitaire de la totalité et de la neutralité (neutralisation du sujet) que s'oppose Rabbi Nahman et le hassidisme de manière générale.

Il veut faire échec à la *capture de la subjectivité* par la société, échec aux textes qui modèlent, en l'anéantissant, l'existence du sujet.

Une pratique déconstructive

Ainsi, l'apport essentiel du hassidisme est une pratique déconstructive de la langue et de la pensée.

Rabbi Nahman de Braslav précise, dans un autre texte[9] :

> « Même un homme simple, s'il prend le temps de lire, s'il regarde les lettres de la Tora, il pourra voir de nouvelles choses, de nouveaux sens ; c'est-à-dire que, par un regard intensif sur les lettres, celles-ci commenceront à "faire de la lumière", à se mélanger, à se combiner (cf. Yoma, 73b) et il pourra voir de nouveaux arrangements de lettres, de

> nouveaux mots, et il pourra voir dans le livre des choses auxquelles l'auteur n'a pas du tout pensé. Et tout ceci est possible même pour l'homme simple, sans efforts... Mais il ne faut pas s'essayer volontairement à cette expérience, car il se peut que, précisément, il ne voie rien, bien que tout ceci concerne aussi l'homme simple. »

Ce que veut dire Rabbi Nahman, c'est que tout grand texte pense au-delà de lui-même, son *pouvoir-dire* dépasse son *vouloir-dire* ; s'arrêter à ce que veut dire un texte, c'est passer à côté de la dimension transcendante qui l'exalte. Tout grand texte est le lieu d'une création particulière, d'une pensée originale qui suscite quelque chose qui ne pouvait pas l'être avant.

> « Cette création ne peut aller sans un déchirement, un éclatement de ce qui préexiste, brisure de l'horizon donné et recréation. Notre apport véritable à un tel texte et à la pensée qui y est énoncée ne peut que viser à retrouver ce moment de déchirement créateur, cette aube différente et recommencée où, soudain, les choses revêtent un autre aspect dans un paysage inconnu.
>
> Cela implique que, pour nous, le texte du passé et la pensée qu'il contient deviennent des êtres nouveaux dans un nouvel horizon, que nous les créons comme objets de notre pensée dans un rapport autre avec leur être inépuisable [10]. »

C'est pour cela que, d'une certaine manière, aucune lecture « fidèle » n'est jamais importante et aucune lecture importante n'est jamais vraiment « fidèle ».

La lecture, un acte de liberté

Pour le hassidisme, l'étude est un acte de résistance au « langage des institutions ». Cette résistance, véritable combat, rouvre les mots à leurs possibilités polysémiques. Tout a lieu dans la rupture, dans cet acte de *désignification*. Le langage unique, univoque, monosémique de l'institution étant le fondement de son totalitarisme, de son intolérance et de sa violence, il est important que par l'acte de dé-signification, le sujet et sa parole accèdent ou ré-accèdent à la liberté.

Il est d'ailleurs très significatif que la fête du Pessah (la Pâque), temps de la transmission aux enfants (et ainsi ouverture du temps à lui-même) soit fondée sur la transmission de la capacité subversive du langage. Transmettre la liberté passe par la possibilité d'une lecture subversive des textes fondateurs. La liberté passe par la possibilité de sortir de la « gravure » de la Loi sur les Tables de pierre : *Al Tiqra Harout éla Hérout* — « Ne lis pas "gravées" mais "liberté" [11] ».

Lorsque Rabbi Nahman insiste à plusieurs reprises sur ce point : « à condition qu'il n'innove pas de lois nouvelles », ce n'est pas la nouveauté de la loi qui le dérange, mais la loi elle-même qui, venant s'ajouter aux lois, renforce la parole institutionnelle. La loi supplémentaire est refusée parce qu'elle renforce l'institution et les gardiens de son idéologie, au lieu de l'affaiblir et de la détruire. L'homme se construisant continuellement par l'interprétation, son devenir n'est possible que dans l'inlassable succession du *faire* et du *dé-faire du sens*, du *lire* et du *dé-lire du texte*. Le rôle de l'interprétation est clair. Il ne s'agit pas de répéter, de paraphraser le texte de départ, mais, littéralement, de décoller, d'aller « Au-delà du verset », de passer du texte à son propre texte. Par cette lecture créatrice, le lecteur naît véritablement ; après une naissance biologique, puis une naissance juridique — institutionnelle et sociale —, le sujet naît en tant qu'individu différencié. Il y a passage d'un « texte sans sujet [12] » à un « texte avec sujet ». Le geste de contestation de Rabbi Nahman à travers son texte des *Sihot Haran* (n° 267) qu'on pourrait intituler « Petit manifeste pour un droit à la subjectivité » est un geste politique.

Par ce geste, la Loi et ses commentaires ne sont plus paroles inspirées qui n'appartiennent qu'à certaines bouches, mais paroles démocratiques appartenant à tout être humain.

CHAPITRE IV

La sagesse de l'incertitude

L'importance de chacun

Le droit et le devoir d'innover que l'on vient de souligner montrent bien la place de l'individu et de la personne concrète.

Une des idées maîtresse du hassidisme est cette responsabilité qui est conférée à chacun.

Par l'innovation, l'homme se construit et fait ainsi obstacle au danger des pensées préfabriquées ; de plus, comme la nouvelle interprétation est *son* interprétation, il prend conscience de manière responsable du chemin individuel et collectif qu'il se doit de construire.

> « On comprend alors que pour le hassidisme, chaque personne née en ce monde représente quelque chose de nouveau, quelque chose qui n'existait pas auparavant, quelque chose d'original et d'unique.
>
> C'est le devoir de toute personne en Israël de savoir apprécier qu'elle est unique en ce monde par son caractère particulier et qu'il n'y a jamais eu quelqu'un de semblable à elle, car s'il y avait eu quelqu'un de semblable à elle, il n'y eût nul besoin pour elle d'être au monde. Chaque homme pris à part est une créature nouvelle dans le monde, et il est appelé à remplir sa particularité en ce monde. La toute première tâche de chaque homme est l'actualisation de ses possibilités uniques, sans précédent et jamais renouvelées, et non pas la répétition de quelque chose qu'un autre, fût-ce le plus grand de tous, aurait déjà accompli. C'est cette idée qu'exprime Rabbi Zousya peu avant sa mort : "Dans l'autre monde, on ne me demandera pas : Pourquoi n'as-tu pas été Moïse ? On me demandera : Pourquoi n'as-tu pas été Zousya ?" [13]. »

A ce texte de Martin Buber, fait écho celui d'Emmanuel Lévinas.

> « Le rapport personnel — subjectif — au texte, la "Révélation" en tant qu'en appelant à l'unique en moi, voilà la signifiance propre du signifié de la Révélation. Tout se passe comme si la multiplicité des personnes — ne serait-ce pas le sens même du personnel ? — était la condition de la plénitude de la "vérité absolue" comme si chaque personne, par son unicité, assurait la révélation d'un aspect unique de la vérité, et que certains de ses côtés ne se seraient jamais révélés si certaines personnes avaient manqué dans l'humanité. Ceci suggère que la totalité du vrai est faite de l'apport des personnes multiples : l'unicité de chaque écoute portant le secret du texte, la voix de la Révélation précisément en tant qu'infléchie par l'oreille de chacun serait nécessaire au Tout de la Vérité [14] ! »

C'est cette même idée qu'expriment les textes du hassidisme en la formulant de la manière suivante : chaque homme est une lettre ou une partie d'une lettre. Le livre est écrit dans sa totalité lorsqu'il ne manque aucune lettre. Chaque homme a l'obligation d'écrire sa lettre, de s'écrire, c'est-à-dire de se créer en renouvelant le sens, son sens.

Nous avons insisté sur le fait que comprendre et interpréter s'entrelacent d'une manière indissociable ; il y a là une critique essentielle à l'encontre de l'approche historique des textes. L'interprète-historien se leurre en croyant supprimer ou exclure toute participation subjective à la compréhension. En effet, « penser historiquement contient toujours, dès l'abord, une médiation entre ces principes et la propre pensée personnelle. Vouloir éviter ses propres concepts dans l'interprétation n'est pas seulement impossible mais manifestement absurde. Interpréter, c'est précisément mettre en jeu ses propres concepts préalables [15] ».

Voici un court passage de Maïmonide dans son introduction au commentaire de la *Merkava* (« Le char céleste ») ; une des parties de la pensée juive où l'on aurait pu escompter l'objectivité du savoir, de l'interprétation, de la tradition et de la transmission.

> « Ce que je crois posséder moi-même n'est qu'une simple conjoncture et une opinion personnelle. Je n'ai point eu là-dessus de révélation divine qui m'ait fait savoir que ce soit là réellement ce qu'on a voulu dire, et je n'ai pas non plus appris d'un maître ce que je pense, mais ce sont les textes des livres prophétiques et des discours des docteurs, ainsi que des propositions spéculatives que je possède, qui m'ont induit à croire qu'il en est ainsi. Cependant, il est possible qu'il en soit autrement et qu'on ait voulu dire tout autre chose [16]. »

Le but de cette citation n'est pas de nier l'existence de l'« inspiration » mais plutôt de suggérer qu'« il y aurait de l'inspiration dans l'exercice de la raison elle-même. Déjà le logos serait prophétique [17] » !

Dès lors, le commentateur peut s'engager. Avec toute sa personnalité, ses expériences, ses lectures, en un mot, avec tout son vécu. Le commentaire n'est pas un texte désincarné, ni un texte orphelin.

Aussi faut-il se méfier de la volonté objectiviste ou pseudo-objectiviste qui dévoile plutôt une manière de se mettre en marge, en négatif, par rapport au sens du texte. *Le commentateur, en dépit de son refus, intervient inévitablement beaucoup plus qu'il ne le dit ou ne le croit lui-même...*

Dès lors, peut-être faut-il plutôt affirmer sa manière de cheminer au lieu de prétendre à l'illusoire transparence parfaite du commentateur idéal. Il faut se refuser à revendiquer une invisibilité « qui permettrait de découvrir l'œuvre en vérité »... Le commentaire ne vient pas en second, derrière un texte dit premier, dans la mesure du moins où il cherche à « répéter un cheminement qui en fait n'a jamais été effectué ».

Même simple redite, le commentaire est déjà autre.

« Dans la répétition, ce qui se dit entre dans sa différence essentielle [18]. »

La recherche du sens, non de la vérité...

Dans sa recherche, l'homme hassidique doute. Il ne recherche pas la vérité, mais le sens. La question n'est plus : « Comment Dieu a-t-il créé le monde ? » mais « Puisque le texte me dit que Dieu a créé le monde, quel sens cela a pour moi ? »

L'homme hassidique se situe toujours dans un mouvement, sortant de la certitude pour entrer dans l'inquiétude du « ne pas savoir » dont parlait Rabbi Nahman.

Il est essentiellement « chercheur », son travail est essentiellement une « recherche ». Chez Rabbi Nahman, ici proche de Kierkegaard, nous rencontrons le terme de « croyance » qu'on ne peut écrire qu'avec des guillemets pour ne pas l'entendre et ne pas le confondre avec la simple foi.

Pour l'homme hassidique, il y a toujours des combats à mener, des possibilités de défaites à envisager. Situations à choisir sans repos. L'homme hassidique ne connaît pas de certitude extérieure, une fois pour toutes, confortable. Dans la « croyance » qui reste encore « recherche », il y a toujours un « pour » et un « contre », et lorsqu'on choisit le « pour », on sait très bien que le doute peut énoncer le « contre ».

La « recherche » ou la « croyance » est un paradoxe : l'assomption du « il y a » et du « il n'y a pas » en même temps ; *hyperdialectique* d'une tension infinie de deux contraires qui ne se résorbent pas dans un troisième terme de synthèse. Le terme positif n'annule jamais le terme négatif et il ne s'agit pas d'un équilibre stable entre les deux mais d'un va-et-vient continuel, tantôt accentuation de l'un, tantôt accentuation de l'autre [19].

L'homme hassidique comme « chercheur éternel » a opté (de manière non définitive, sinon il aurait choisi, une fois pour toutes et se serait enfermé dans un système) pour une *philosophie de la caresse* où il n'y a jamais de prise, d'emprise de manière définitive. Au contraire, il y a production d'à venir. Ici, émerge une *sagesse de l'incertitude*, d'une incertitude objective. Ce qui se dit de la foi peut être transposé à d'autres perceptions mondaines :

> « Ai-je la foi ? De cela, je ne puis avoir aucune certitude immédiate, car la foi est précisément cette oscillation dialectique qui, dans le tremblement et la crainte, ne désespère pourtant jamais. Elle est ce souci infini au sujet de soi-même, ce souci de savoir si on a la foi, et c'est ce souci qui est la foi [20]. »

Pour le « chercheur », pour l'homme hassidique, il n'est qu'une certitude, celle du risque de l'absolu.

Lorsque Rabbi Nahman affirme que « le monde est un pont étroit, jeté sur l'abîme » où l'homme risque de tomber à chaque instant d'un côté ou de l'autre, il signifie l'incertitude objective de l'homme, face au monde, face à l'Autre de lui-même. C'est en effet le mouvement d'incertitude qui est notre signe de relation avec l'Autre ; cette incertitude est le signe même de la « croyance ».

C'est lorsque l'individu n'est pas assuré de sa relation avec l'Autre qu'il y a relation avec l'Autre. Dans le domaine de la foi, « c'est lorsque l'homme n'est pas assuré de sa relation avec Dieu qu'il y a relation avec Dieu. Malheureux ceux qui croient être en relation avec lui car ils ne le sont certainement pas [21] ».

CHAPITRE V

Lecture, ouverture, liberté

Le hassidisme souligne une idée fondamentale, déjà énoncée et inventée par les maîtres du Talmud, mais qui a été oubliée : le peuple juif n'est pas le « peuple du livre » mais le « peuple de l'interprétation du livre ».

La lecture est l'activité essentielle du juif qui, par elle, se refuse à tous les déterminismes sémantiques qui le préfabriqueraient dans une certaine détermination d'être. La lecture est un geste philosophique et aussi un geste politique.

La lecture n'est pas un référendum où le lecteur n'aurait qu'un choix entre le oui et le non, entre l'acceptation et le rejet. La lecture est un geste politique car la liberté de l'interprétation est aussi une liberté qui touche l'existence. Dans la suite de ce que nous avons appelé « le manifeste de Rabbi Nahman de Braslav », nous devons citer ce très beau texte de Serge Viderman :

> « Le texte devient le lieu d'une expérience singulière privilégiée, d'une recréation dont chaque lecteur peut devenir le centre, pour peu qu'il veuille sortir de cette passivité où il s'appauvrit, qui l'isole du texte dont le sens lui échappe toujours en grande partie et nécessairement, puisque fixé par l'auteur, n'appartenant qu'à l'auteur, le lecteur n'y a aucune part.
>
> Que le lecteur apprenne qu'il n'est pas le spectateur ébloui ou ennuyé d'une histoire faite ailleurs avec laquelle il n'a pas maille à partir. Qu'il sache seulement que le texte lui parle de lui et de sa propre histoire et aussitôt lui apparaîtra la pluralité des sens possibles. Le lecteur apprendra que le texte lui apporte, dans un langage codé qu'il n'appartient

qu'à lui de décoder, le souffle nocturne de sa vie la plus lointaine, ensevelie, indicible.

C'est dire qu'il n'y a pas un sens fixé du texte, que la vérité du texte est partout et nulle part, que chacun a le pouvoir de faire exister des sens, de décider des sens[22]... »

La vérité d'une lecture n'est pas la vérité du texte, comme la vérité d'une proposition du monde n'est pas la vérité du monde.

Il n'y a pas un sens vrai du texte qui est révélé par l'interprétation, mais il y a une interprétation vraie d'un texte. *Et la vérité n'est pas l'adéquation à quelques présignifications déjà existantes, mais elle réside dans l'ouverture à*... Lorsque la lecture dénoue, délie, et qu'elle ouvre à une autre perspective de monde, lorsque « interpréter un texte, ce n'est pas lui accoler un sens, même fondé, mais tenter d'apprécier de quel pluriel il est fait, de quelle dynamique il est porteur, alors il y a vérité[23] » ! A l'inverse, le mensonge est de l'ordre du « nœud ».

L'hébreu propose cette réflexion dans l'identité des lettres qui composent le mot *chéquer (chin qof réch)*, le « mensonge », et le mot *quéchèr (qof chin réch)*, le « nœud ». Le « mensonge » est de l'ordre de l'enfermement et d'un temps répétitif et piétinant ; il est aussi le « mal dire » qui, glissant vers le « mal à dire », produit l'aspect pathologique d'une situation. A l'opposé, la « vérité » est l'ouverture du dire, respiration, souffle ouvrant vers l'avenir[24].

Ainsi, s'il fallait trouver un mot qui exprime de la manière la plus adéquate ce que doivent être le commentaire, l'interprétation, nous proposerions le mot « ouverture ». Pourquoi « ouverture » ? Le mot n'a pas ici le sens hébraïque de *Petiha* qui en serait la traduction. En hébreu, *Petiha* signifie « introduction » dans le sens d'un historique et d'un aperçu général de l'œuvre.

« Ouverture » est entendu ici dans le sens de l'expression du Midrach et du *Zohar*, *Patah véamar* — « il a ouvert et il a dit » que l'on rencontre à l'orée du Dire. « Il a ouvert et il a dit », il a brisé le verset et il a dit. Brisure donc, ouverture du mot, de ce *téva* qui est aussi une boîte, un volume.

Éclatement d'un espace littéraire : le texte ne sera plus abordé dans sa linéarité, mais dans sa spatialité, son volume. Ou peut-être doit-on dire que l'éclatement du texte est ce qui va permettre le passage du texte-ligne au texte-volume. Tous les éléments du texte vont être sujets à cet éclatement, cette ouverture : les lettres, les mots, les phrases, les livres... Ouverture jusqu'à l'effacement des lettres, des mots, des phrases et des livres... Pour illustrer ce que nous entendons par « ouverture », nous voulons citer ici une très belle page de Jankélévitch de son livre *Quelque part dans l'inachevé*[25]. Titre-lieu où doit justement mener l'« ouverture ». Il n'y a pas dans cette page les règles précises de l'herméneutique hassidique, mais déjà, de manière intuitive, on est installé dans le processus de l'ouverture.

> « L'étude consiste à penser tout ce qui dans une question est pensable, et ceci à fond, quoi qu'il en coûte. Il s'agit de démêler l'inextricable et de ne s'arrêter qu'à partir du moment où il devient impossible d'aller au-delà ; en vue de cette recherche rigoureuse, les mots qui servent de support à la pensée doivent être employés dans toutes les positions possibles, dans les locutions les plus variées. Il faut les tourner, les retourner sous toutes leurs faces, dans l'espoir qu'une lueur en jaillira, les palper et ausculter leurs sonorités pour percevoir le secret de leur sens ; les assonances et résonances des mots n'ont-elles pas une vertu inspiratrice ? Cette rigueur doit être atteinte parfois au prix d'un discours illisible ; il s'en faut de peu, en effet, qu'on ne se contredise ; il suffit de continuer sur la même ligne, de glisser sur la même pente, et l'on s'éloigne de plus en plus du point de départ, et le point de départ finit par démentir le point d'arrivée.
>
> C'est à ce discours sans failles que je m'astreins, à cette *strenge Wissenschaft*, science rigoureuse, qui n'est pas la science des savants et qui est plutôt une ascèse. Je me sens provisoirement moins inquiet lorsque, après avoir longtemps tourné en rond, creusé et trituré les mots, exploré leurs résonances sémantiques, analysé leurs pouvoirs allusifs, leur

puissance d'évocation, je vérifie que je ne peux décidément aller outre.

Certes, la prétention de toucher un jour à la vérité est une utopie dogmatique, ce qui importe, c'est d'aller jusqu'au bout de ce qu'on peut faire, d'atteindre à une cohérence sans faille, de faire effleurer les questions les plus cachées, les plus informulables, pour en faire un monde lisse. »

Mais il ne faut pas tromper ! Le monde lisse dont parle Jankélévitch ne permet pas de se saisir du texte, de comprendre le sens. Car l'existence des niveaux de signification et des règles d'interprétation rend caduque la possibilité de s'approprier le texte, et donc d'en annuler l'altérité et l'extériorité. En un mot, l'interprétation, les interprétations n'entament jamais le texte, ne mordent jamais dans la chair du texte[26]. Là est le gage de sa richesse inépuisable.

Les signes — ici, les objets, les versets bibliques, les personnes, les situations, les rites — fonctionnent comme signes parfaits :

« Quelles que soient les modifications que le devenir introduit dans leur texture sensible, ils conservent leur privilège de révéler les mêmes significations ou les aspects nouveaux de ces mêmes significations[27]. »

Signes parfaits car :

« Jamais la signification des ces symboles ne donne plein congé à la matérialité des symboles qui la suggèrent et qui conservent toujours quelque puissance insoupçonnée de renouveler cette signification, jamais l'esprit ne donne congé à la lettre qui le révèle. Bien au contraire, l'esprit éveille dans la lettre de nouvelles possibilités de suggestion[28]. »

CHAPITRE VI

L'infinie caresse du livre

Un combat contre l'idolâtrie

En tant qu'ensemble de signes parfaits, le Texte n'est jamais atteint. On peut dire qu'il est *caressé*. Ainsi, malgré le travail d'analyse, de recherche, d'éclatement, de mise à nu, le texte se dérobe, reste inaccessible, toujours à venir. Il se présente pour se retirer aussitôt. Le texte sera « visible et invisible [29] », ambiguïté, clignotement de sens, énigme.

Mais le Texte ne se dérobe que si on le laisse se dérober ; l'interruption de la démonstration de la transcendance, le mouvement de retrait nécessaire dépend avant tout et essentiellement de l'interprète, de sa manière d'être en face du texte, de sa manière d'approche. Cette manière d'être, ce rapport au texte, nous l'appelons la « caresse » [30].

> « La caresse consiste à ne se saisir de rien, à solliciter ce qui s'échappe sans cesse de sa forme vers un avenir — jamais assez avenir —, à solliciter ce qui se dérobe comme s'il n'était pas encore [31]. »

En un mot, la caresse est recherche. Dans cette recherche, la caresse ne sait pas ce qu'elle cherche. Ce « ne pas savoir », ce « désordonné fondamental » est l'essentiel de cette manière d'être. Le rapport au Texte autorisant la transcendance des voix du Texte sera donc comme « un jeu absolument sans projet ni plan [32] ».

L'étude hassidique comme recherche permet véritablement de « faire » une expérience. On peut opposer à ce niveau les expressions « avoir » une expérience et « faire » une expérience [33].

« Avoir » renvoie à la possession, au connaître, à l'installation dans la satisfaction, à la confiance que procure l'acquis ; dans l'« avoir », l'expérience est confirmée par la répétition. Mais en tant qu'expérience répétée et confirmée, elle n'est pas quelque chose qui se « fait nouveau ». Dès lors, on prévoit ce qui auparavant était inattendu. « Avoir » une expérience du Texte, c'est le comprendre, s'en saisir, le posséder, parce qu'il se fait corps dans et par la répétition ; nous rentrons alors dans le « destin ». Et devenant visible, préhensible, le Texte prend la forme et le statut d'une idole. Son langage devient totalitaire : « langue de bois qui reste figée dans des significations posées et imposées une fois pour toutes sans regard pour des situations et des expériences qui ont pu changer ». Texte-idole qui est « posé et qui écrase à la fois par son poids et son invariance [34] ».

Il s'agit de « faire » une expérience avec le Texte. Étudier ne signifie plus alors savoir à l'avance le résultat de la recherche. Rien ne doit correspondre à notre attente. « Faire une expérience est toujours, pour commencer, une expérience de la négativité : la chose n'est pas telle que nous le supposions. Notre savoir et son objet se modifient tous les deux avec l'expérience d'un autre objet [35]. »

« Faire » une expérience, c'est s'inscrire dans l'ouverture, dans l'ouvrir. Ainsi l'« homme d'expérience » — dans notre contexte, l'interprète — n'est pas seulement celui qui est devenu tel grâce à des expériences (acquises), mais celui qui est ouvert à des expériences : au *hidouch*.

> « La plénitude d'expérience, la plénitude d'être de celui que nous disons expérimenté ne consiste pas en ce que cet homme sait déjà tout et le sait mieux. L'homme d'expérience s'avère au contraire radicalement étranger à tout dogmatisme [36]. »

L'interprète fait une expérience par la *caresse* : ne se saisissant jamais de rien, « il renvoie tout sens à un autre sens et ainsi de façon infinie et négativement, de telle sorte que si l'on veut localiser (dans le Texte) un centre, une origine des significations, un dieu donc, qui lui donne son sens, on ne peut l'y trouver que dans le vide, le vide de langage, les *blancs de l'écriture*[37] ».

On comprendra alors pourquoi l'*étude* trouve sa mémoire graphique dans *la lettre Lamed*, la seule des vingt-deux lettres de l'alphabet hébraïque à dépasser la ligne d'écriture, à transgresser, à s'élancer « au-delà du verset ». *Lamed*, dernière lettre de la Tora.

La lettre *Lamed*

Un combat contre l'idolâtrie

En fait, nous pouvons résumer le sens de l'étude hassidique comme combat contre l'idolâtrie. L'étude est à la fois un geste théologique et politique, mais le théologique n'est pas là où on l'attendait.

L'homme hassidique ne dit pas « Dieu est », car cette affirmation dogmatique est aussi idolâtre. Il ne dira pas non plus « Dieu n'est pas ». Il y a pour ainsi dire une nécessité d'athéisme pour refuser le texte-idole. C'est pourquoi, le Texte sera insaisissable, imprenable, et ainsi il ne pourra prendre la forme ou la place d'une idole. Les cabalistes expliquent que le Texte, la Tora et Dieu ne font qu'un *(Rahamana véqoudcha bérikh hou, had hou)*. En refusant la prise du Texte, il y a aussi, du même coup, le refus de mettre la main sur le divin. Le rapport au texte et à Dieu est ainsi paradoxal : il faut s'éloigner, il faut la distance pour que le rapport à Dieu ne soit pas idolâtre. C'est ce qu'Henri Atlan nomme de manière radicale l'« athéisme de l'écriture ».

> « Le premier souci de l'enseignement biblique n'est pas celui de l'existence de Dieu, d'un théisme par rapport à un athéisme, mais plutôt la lutte contre l'idolâtrie. Or, il y a un danger d'idolâtrie dans tout théisme. Tout théisme est une idolâtrie car l'expression le signifie et, par là, le fige ; sauf si, d'une certaine façon, son discours se nie lui-même

> et devient donc athée. Autrement dit, les paradoxes du langage et de ses significations sont tels que le seul discours sur Dieu qui ne soit pas idolâtre ne peut être qu'un discours athée. Ou encore, que dans tout discours le seul Dieu qui ne soit pas une idole est un Dieu qui ne soit pas un Dieu [38]. »

Tous les maîtres de la pensée juive, depuis les prophètes jusqu'aux maîtres contemporains, ont compris cela...

Le système d'interprétation — en dehors de sa nécessité pour le phénomène de la compréhension — a pour fondement la volonté de se refuser à l'idolâtrie. Le Texte, premier rapport à Dieu, ne doit pas se transformer en idole. La tentation idolâtrique est forte, qu'on se le rappelle, au lendemain de la Révélation, le Veau d'or : tentation de l'apparence et de la Présence. « L'idole nous livre le divin, en quoi elle ne trompe, ni ne déçoit [39]. » L'idole — et ici le Texte donné à l'emprise de la main, le manuel — rassure ; l'idole rapproche :

> « Ce que l'idole travaille en effet à résorber, c'est précisément l'écart et le retrait du divin... Subvenant à l'absence du divin, l'idole met à disposition le divin, l'assure et, à la fin, le dénature. Son achèvement achève mortellement le divin. L'idole tente de nous approcher du divin, et de nous l'approprier : parce qu'il craint l'athéisme, l'adorateur met la main sur le divin dans la forme d'un dieu, mais cette prise en main perd ce qu'elle saisit : ne lui reste qu'une amulette trop bien connue, trop maniable, trop assurée... L'idole manque la distance qui identifie et authentifie le divin comme tel — comme ce qui ne nous appartient pas, mais nous advient [40]. »

CHAPITRE VII

La lecture est une révolution

La langue hébraïque, comme les autres langues sémitiques, possède une racine triconsonantique, trois lettres-consonnes : les voyelles ne font pas partie de la racine (les textes hébraïque traditionnels sont en général écrits sans voyelles).

La racine hébraïque, formée le plus souvent de trois consonnes espacées, ouvre un champ de signification d'une ampleur extraordinaire ; elle déploie de multiples lectures, tout en demeurant au départ — dans son statut non vocalisé — dans une indétermination positive.

Ainsi l'hébreu présente-t-il un caractère d'inachevé qui exige du lecteur un parachèvement. Les voyelles — ou plus exactement les points-voyelles — renferment l'indétermination et l'ouverture de la racine et produisent, lors de leur introduction, un son et un sens beaucoup plus restreints, permettant la communication verbale.

> « Une même racine n'intègre pas toujours les mêmes voyelles, ce qui donne un noyau sémique malléable, plastique et souple. »
>
> « Le noyau du mot va jouer et se transformer. En modifiant les points-voyelles sur une même racine, le sens se modifie au point qu'on peut trouver une signification tellement différente qu'elle risque de nous désarçonner lorsqu'elle surgit [41]. »

L'absence des voyelles est d'une grande importance. Elle supprime l'exclusivité d'un sens, en laissant la racine dans son indétermination initiale, susceptible d'être diversement informée.

Ainsi nous sommes responsables des mots.

Un verset du livre des Nombres affirme que les enfants d'Israël partirent de la montagne de Dieu pour un trajet de trois jours[42]. Le Midrach donne l'explication suivante :

> « Que signifie : "Ils partirent de la Montagne de Dieu pour un chemin de trois jours" ? Cela veut dire que les enfants d'Israël ont fui la montagne du Sinaï comme un enfant qui s'enfuit de l'école ayant trop appris[43]. »

Rabbi Yossef Rozin explique ce texte ainsi :

> « Comme un enfant qui s'enfuit de l'école, c'est-à-dire : ils n'ont pas voulu apprendre les lettres de la Tora comme des entités séparées mais ont préféré lire et étudier les mots entiers[44]. »

Ces commentaires mettent en cause un rapport au texte qui le saisit comme totalité déjà achevée, comme un objet à prendre et à assimiler, comme un manuel qui, dans son rapport à la main, annule la transcendance et l'extase du temps : enfermement dans le « main-tenant ». Cette attitude est considérée par le Talmud[45] comme une « faute » extrêmement grave qui suggère de « lire aux éclats » comme réparation de cette attitude négative. Ainsi faut-il comprendre que, pour la tradition hassidique, *chaque lettre est un monde, chaque mot un univers*.

Lire lettre après lettre, c'est sentir la constitution des choses, appréhender l'espacement qui existe entre chaque lettre. La lecture, ainsi stratifiée, spatialise le texte, l'ouvre en volume signifiant, le libère de sa pesanteur et de sa pétrification typographique.

La lecture hassidique représente en fait une expérience poétique qui essaie de saisir le balbutiement du langage et du monde qui se créent, qui tentent d'éclore dans la lumière. Expérience très proche de celle que décrit Bachelard, lorsqu'il dit :

> « Les mots — je l'imagine souvent — sont de petites maisons, avec cave et grenier. Le sens commun séjourne au rez-de-chaussée, toujours prêt au "commerce extérieur", de plain-pied avec autrui, ce passant qui n'est jamais un rêveur. Monter l'escalier dans la maison du mot c'est, de degré en degré, abstraire. Descendre à la cave, c'est rêver, c'est se perdre dans les lointains couloirs d'une étymologie incertaine, c'est chercher dans les mots des trésors introuvables.
>
> Monter et descendre, dans les mêmes mots, c'est la vie du poète.
>
> Monter trop haut, descendre trop bas est permis au poète qui joint le terrestre à l'aérien. Seul le philosophe sera-t-il condamné par ses pairs à vivre au rez-de-chaussée [46] ? »

Le lecteur par trop cérébral qui voudrait maintenir les mots dans la précision de leur sens, qui se saisirait des mots comme de mille petits outils d'une pensée lucide, ne peut que s'étonner devant les audaces du lecteur hassidique. Et pourtant, jamais les mots ne se cristallisent en de solides parfaits ; ne serait-ce que dans le langage quotidien, « au sens central du substantif s'agglomèrent des adjectifs inattendus. Une ambiance nouvelle permet au mot d'entrer, non pas seulement dans des pensées mais aussi dans des rêveries. Le langage rêve [47] ».

Ce que Bachelard dit à propos de la phrase qui produit une nouvelle ambiance est vécu, au niveau du mot lui-même, dans le cadre de la pensée midrachique et talmudique ; car le mot est — si on le lit lettre par lettre — une phrase, une infinité de phrases.

Lire n'est pas l'agrégation du monde dans une parole mais son éclatement. La lecture hassidique à l'opposé du logos grec ne cherche pas à récolter, à mettre à l'abri et à conserver. Comme dit Rabbi Yossef Rozin, il faut distinguer la « lecture des mots » et la « lecture des lettres », *il faut laisser aux lettres la possibilité d'être lettres malgré l'existence des mots.*

La lecture hassidique ne se limite pas à une opération linguistique qui essaie de réduire le dire à un « vouloir-dire », de le ramener à l'ombre d'un sens, en brisant l'utopie du langage et en le ramenant à la topique des discours.

La lecture hassidique est une opération de *dissémina-*

tion qui restitue la vie, le mouvement et le temps, au coeur même des mots ; c'est ainsi qu'elle les constitue comme des œuvres d'art et les soustrait aux risques de l'idole. Ici, les mots ne sont plus finalisés par le sens mais par les sens. La lecture brise l'instance du sens et tous les éléments des textes, les mots, les syllabes, les consonnes, les voyelles se répondent et se parlent entre eux.

La lecture est révolution ; la vie redonnée au langage dans cette lecture « éclatante » est révolution. « La révolution est partout où s'instaure un échange qui brise la finalité des modèles [48]. »

Ainsi la lecture incarne-t-elle une attitude de contestation face à la tradition. La lecture fait obstacle à la transmission des stéréotypes des discours idéologiques. La lecture des lettres est une « éducation » au sens premier de ce mot qui signifie « conduire au-dehors du chemin déjà tracé à l'avance ».

Lire les lettres et non les mots.

La lecture des mots est imposition d'une totalité qui nous dérobe le chemin difficile de l'assemblage d'une lettre à l'autre. La lecture des lettres, une à une, est rêverie d'un « autrement qu'être », qui aura déjà beaucoup plus de difficulté à s'invertir en un simple « être autrement ». *La lecture des lettres signifie l'exigence de la simultanéité du dire et du dédire* qui permet au monde de ne pas être enfermé dans les conditions de son énonciation.

CHAPITRE VIII

L'art et le langage

Continuons à voyager avec Rabbi Nahman de Braslav, maître des plus précieux pour nous faire découvrir le paysage hassidique.

La lecture existentielle peut s'articuler avec une dimension esthétique, avec une certaine vision et compréhension de l'art.

Rabbi Nahman de Braslav insiste constamment sur cette nécessité de recréation ; il n'y aurait d'écoute d'un texte qu'après l'avoir construit. Il cite pour appuyer cette intuition un verset des Psaumes dont la formulation surprenante conduit à une telle interprétation.

Il est écrit : *ossé devaro lichmoa beqol devaro*[49], ce que certaines traductions rendent par « ceux qui accomplissent sa parole, attentifs au son de sa parole ».

Une traduction plus littérale offre un sens plus juste[50] : « Faiseurs de sa parole, pour entendre la voix de sa parole. »

Rabbi Nahman commente :

> « Car les justes sont "héros de la force", c'est-à-dire qu'ils font et construisent la parole de Dieu, c'est-à-dire "la langue sainte" par laquelle le monde a été créé...
>
> Car les justes sont de l'ordre des "faiseurs de sa parole", c'est-à-dire qu'ils fabriquent la parole par laquelle Dieu parle et crée le monde.
>
> Tout ceci a eu lieu avant la création du monde. Mais même maintenant, quand les justes veulent écouter une parole de Dieu, ils font d'abord la parole et la construisent, la fabriquent. C'est-à-dire : par leurs actions positives, ils atteignent la capacité d'écoute des paroles divines.

Il faut comprendre que ces paroles sont advenues et ont été construites par leurs mains.

Cela correspond à ce verset des Psaumes : "faiseurs de sa parole pour écouter sa parole" car lorsqu'ils veulent entendre la parole, ils fabriquent d'abord la parole : "faiseurs de parole" ! et seulement après ils entendent cette parole, comme il est dit "pour entendre la voix de sa parole", car c'est dans cette parole que Dieu leur parle[51]... »

Ce texte absolument fondamental met en place une « logique de l'écoute » profondément révolutionnaire.

L'homme ne peut entendre quelque chose du texte que s'il construit *(boné)*, fabrique et fait *(ossé)* cette parole. Refus de la passivité du langage, l'homme ne s'installe pas dans un langage déjà constitué, préfabriqué, mais il doit d'abord le modeler ; que ce soit par son propre langage, sa propre parole ou la parole de Dieu. Ce n'est pas l'inversion de la transcendance de la parole divine en son immanence radicale ; c'est au contraire une modalité essentielle de la possibilité d'une parole transcendante. Le fait que Rabbi Nahman parle de « mains », d'« actions » pour nommer la parole insiste sur le côté actif de cette parole. Il généralise à sa façon le « quand dire, c'est faire » et, par là, il explique une « phrase-théorème » de la pensée juive : *Naassé Venichma*, dont l'explication souvent donnée est : « Faisons et nous comprendrons. » Agissons d'abord et nous réfléchirons ensuite. Il faut reprendre cet énoncé et comprendre : « Fabriquons d'abord les mots qui nous permettent de les entendre », faisons en sorte d'entrer dans l'activité du langage. Un langage qui construise un monde, et non pas le monde.

Les mots construits par les « faiseurs de paroles » ne sont pas des outils ou des instruments par lesquels le monde va être atteint ; *les mots construits sont des « œuvres d'art »*. Le « mot-œuvre d'art » est caractérisé par une « irréductibilité » au monde.

A ce point, il faut préciser la distinction entre l'instrument et l'œuvre d'art, faire émerger la différence entre une lecture instrumentale et une lecture artistique.

Le fait qu'un instrument fonctionnant correctement

n'attire pas l'attention sur soi est le signe qu'il se réduit tout entier à son usage, au contexte du monde auquel il appartient radicalement.

L'œuvre d'art est au contraire précisément caractérisée, fût-ce dans l'expérience esthétique la plus commune, par le fait qu'elle s'impose comme digne d'attention par elle-même. Elle n'est pas réduite au monde auquel elle appartient, elle s'en détache, et même si elle mord sur le réel, comme dans les cas d'œuvres contemporaines (Duchamp par exemple), elle advient à l'œuvre par ce détachement qui est constitué en général d'un système de cadrage et de limitation signalant l'écart. Plus encore, cet écart et ce détachement n'ont pas pour fonction de souligner la provenance d'un quelconque monde mais au contraire d'indiquer un autre, un nouveau monde.

L'œuvre porte en elle-même son propre monde. Monde à venir qu'elle fonde, qu'elle institue. De ce fait, pour être saisie, elle n'a donc pas besoin d'être située historiquement dans un monde contextuel. L'œuvre d'art n'exprime ni ne témoigne d'un monde constitué : elle-même l'ouvre et le fonde. L'œuvre d'art est une radicale nouveauté. Dans notre terminologie, elle est un *hidouch*. Comme le *hidouch*, elle ouvre une perspective générale sur le monde qui entre en dialogue avec notre perspective et nous oblige à la modifier ou, du moins, à l'approfondir.

Rabbi Nahman met l'accent sur la nécessité de ce passage du « mot-instrument » au « mot-œuvre d'art » : invention de nouveaux signifiants qui ne renvoient pas à des signifiés déjà existants ; recherche d'une parole autre, d'un projet de monde qui est ouverture.

Rabbi Nahman parle de « création du monde » ; il ne s'agit pas seulement de la création au sens cosmologique et cosmogonique, mais du monde dans lequel l'homme s'insère parce qu'il déploie un espace de projet. (On peut se demander d'ailleurs ce que peut signifier le Midrach qui affirme qu'avant la création « réelle » Dieu a consulté la parole des justes à venir. Comme si la condition de la création reposait sur cette capacité créatrice et inventive portée par les justes, des générations ultérieures.)

Le *hidouch* est le mot qui ouvre et éclaire un monde

en proposant comme une nouvelle manière d'ordonner le monde. L'ouverture proposée n'est qu'une possibilité d'ouverture : c'est pourquoi l'on parle d'*un* monde et non *du* monde.

Le « mot-ouvrant » garde en réserve une multitude de sens. Il est le lieu du « visible et invisible » [52]. Aussi faut-il préciser ce sens de la « vérité » que nous avons définie comme « ouverture à ».

Dans le « mot-*hidouch* », dans le « mot-œuvre d'art », créateur de mondes, la vérité est à l'œuvre, non seulement comme ouverture et dévoilement mais aussi comme obscurité et dissimulation. Le « mot-ouvrant » devient ainsi le « mot-ouvrant-dissimulant », lumière et secret.

Une fois créé, ce mot attire l'attention sur lui, non seulement parce qu'il ouvre un monde en offrant une nouvelle perspective explicite, mais par le fait qu'il se présente toujours aussi comme une réserve supplémentaire de significations qui sont encore à découvrir. Cette idée d'un « monde » qui s'ouvre et se dissimule à la fois est pensée dans le Talmud [53] de la manière suivante : le « monde » se dit en hébreu *olam (ayin-lamed-mèm)* ; il peut être vocalisé de telle manière qu'on peut le lire *elèm*, qui signifie « caché »... Aussi, à *léolam*, on substitue *léélem* : à « pour le monde », on substitue « pour disparaître ».

Le « monde » est ce qui s'expose là devant nous, avec violence et impudeur, s'exposant avec clarté au regard ! C'est ce qui appartient à la possibilité d'être saisi par le regard, la pensée ou la main ; c'est ce qui est donné par un présent, dans un « maintenant », que je peux faire mien par un geste d'appropriation totale.

Cette mainmise ici sur le monde est de l'ordre du toujours présent, « main-tenant ». Le « monde » est ainsi exclu du devenir. Même si des choses apparaissent, leur apparition est déploiement, déroulement d'un sens toujours anticipable.

Avoir un « monde » au sens de *olam*, c'est échapper à l'incertitude propre au futur.

La lecture hassidique produit l'écart et l'éclat — peut-être entendons-nous ici pour la première fois *le double sens de l'éclat, comme brisure mais aussi comme brillance.*

« *Éclat* » serait le lieu de cette lumière qui se retire et brille à la fois. « Lire aux éclats », expression qui nomme cette lecture hassidique, c'est se situer dans un *léélem*, dans un « pour la disparition », en effaçant le chemin qui mène inéluctablement vers... pour se situer dans un sillage dont on perd la mémoire et qui se fait trace.

Le *léélem* où le « monde » *(olam)* disparaît n'en permet plus la maîtrise ni la compréhension dans un « maintenant ». Voilà ce que nous nommons *la philosophie de la caresse...*

La dualité des lois, celle de la « loi écrite » et de la « loi orale » est *olam* et *élèm*, dévoilement et retrait. Le retrait de la loi orale recèle une réserve de nouveaux sens qui ne sont pas anticipables mais que la lecture créatrice va inventer.

Le « mot-construit », dont parle Rabbi Nahman à propos du Psaume 103, n'appartient pas seulement à une ouverture du monde, mais il ouvre et il institue cette ouverture même ; il ne produit pas seulement un changement à l'intérieur du monde, mais il modifie l'ouverture même vers le monde, pour l'auteur d'un *hidouch*.

L'homme lisant s'invente au fur et à mesure de sa lecture et se constitue ainsi une identité narrative.

Lecture existentielle.

CHAPITRE IX

La *Mahloquèt*

Pour une parole plurielle

Allons visiter une « maison d'étude » ! Désordre, brouhaha, gesticulation véhémente, allées et venues incessantes, ainsi se présente le *Beth Hamidrach* : la maison d'étude qui tient lieu de synagogue, et aussi, à de nombreuses occasions, de salle à manger. Les étudiants hassidiques n'ont pas la quiétude du moine. Le silence n'est pas la règle ; sur les tables rarement alignées, pêle-mêle, en plus des Guémarot, foisonnent des livres de la Tora, de Maïmonide, du Choulhan Aroukh ; des livres ouverts empilés les uns sur les autres.

Les étudiants — assis, debout, un genou sur le banc, ou la chaise — sont penchés sur les textes ; l'un à côté de l'autre, mais plus généralement l'un en face de l'autre, ils lisent à haute voix, se balançant d'avant en arrière, de gauche à droite, ponctuant les articulations difficiles du raisonnement avec de larges gestes du pouce, frappant frénétiquement les livres ou la table, voire l'épaule du compagnon d'étude, feuilletant avec fébrilité les pages des commentaires pris et remis rapidement dans les rayons de l'immense bibliothèque qui fait le tour de la salle. Les protagonistes de cette « guerre du sens » essaient de comprendre, d'interpréter et d'expliquer.

Rarement d'accord, heureusement, sur le sens du passage étudié, ils vont consulter le maître qui explique, prend position sur les thèses proposées, et calme pour un instant le combat passionné des consultants. Sur une autre table, plus loin, un étudiant s'est endormi, les bras croisés sur un texte du Talmud ; à côté de lui, un autre sirote un café et fume une cigarette en prenant un air méditatif, concentration nécessaire à la suite de l'étude. Tout bouge ! Le *Beth Hamidrach* connaît une effervescence ininterrompue où, de jour comme de nuit, résonnent les voix, le bruissement infini de l'étude [54].

Si nous avons tenu à donner cette description de la maison d'étude, c'est qu'elle nous semble révélatrice de la pensée talmudique et hassidique. Et c'est peut-être ici que nous pouvons sentir le mieux la dimension et la fonction politique du monde talmudique et hassidique, c'est-à-dire son aspect *anti-idéologique*.

La révolution hassidique consiste, nous l'avons montré, à sortir d'une parole dogmatique et institutionnelle. La parole hassidique ouvre la vie à elle-même, fait danser les choses et les êtres. La première dimension d'une parole anti-idéologique et anti-dogmatique est la situation de dialogue.

Le dialogue ou plus précisément la situation dialogique ne signifie pas l'accord. Ou peut-être, peut-il s'entendre comme « accord » au sens musical de ce terme, la pluralité des notes fait entendre une sonorité plus riche.

La différence d'opinion est un signe de bonne santé sociale.

L'éthique du hassidisme, tel qu'on le rencontre, par exemple, dans les textes de Rabbi Nahman de Braslav, est essentiellement la signifiance ininterrompue du sens, et pour ce faire, le hassidisme redonne à chacun la possibilité de produire sa propre opinion.

Avoir une opinion ne signifie pas adhérer à une croyance dogmatique acceptée de confiance : l'opinion se veut pur décalque de la diversité des aspects du monde.

Contrairement au concept, au dogme et à la vérité qui présupposent l'Unité, l'Un de la réalité, l'opinion a pour caractéristique de pouvoir s'opposer à des opinions autres, voire diamétralement opposées qui, toutes, reflètent plusieurs aspects d'une réalité ontologiquement plurielle.

La parole plurielle a un nom : comme dans le Talmud, elle se nomme *Mahloquèt*.

Les échecs et les dérives historiques des courants messianiques ou pseudo-messianiques, la nécessité d'instituer une loi pour tous pour permettre une vie collective ont produit une méfiance vis-à-vis de l'opinion et de la libre pensée. La génialité de la parole talmudique et midrachique en sa conception dialogique a été complètement oubliée, voire occultée.

La pensée hassidique dans son essence veut renouveler, renouer avec cet aspect fondamental du texte et de l'esprit talmudique.

La *Mahloquèt* veut dire qu'il est impossible de se retrouver seul face aux textes.

Le hassid cherche toujours un compagnon d'étude pour se « heurter » avec lui.

Nous allons procéder ici en deux temps. Après un exposé de la *Mahloquèt* telle que nous pouvons la rencontrer dans le Talmud nous montrerons la formulation plus hassidique que lui a donnée Rabbi Nahman de Braslav, en insistant sur la parole comme questionnement.

En une typologie rapidement esquissée, on peut opposer un monde « unidimensionnel » [55] à un monde « bidimensionnel ».

Le monde talmudique est bidimensionnel, et c'est en cela qu'il est foncièrement anti-idéologique. Le talmudiste — le « vrai » — ne dit jamais : « Nous » ; *et il n'a pas, non plus, le droit de dire : « Le Talmud dit... »*

Il peut dire : « Il existe une opinion dans le Talmud qui énonce... mais il existe aussi dans un même temps une opinion qui dit juste le contraire... »

La première chose que remarque le lecteur du Talmud est l'importance du dialogue dans la mise en chantier de la pensée. Rares sont les sujets sans controverses, à tel point que lorsqu'on parle d'« une » notion on dit : *Mahloquèt ploni véploni*, c'est-à-dire : « discussion entre tel (maître) et tel (maître) » [56]. La pensée talmudique est souvent formulée de manière polémique : discussion entre

Hillel et Chamaï, Rav et Chmouel, Rav Houna et Rav Hisda, Abayé et Rava, Rabbi Yohanan et Recht Laquich, etc.

Dans la *Mahloquèt*, la conciliation n'est pas recherchée. Si l'on veut utiliser le terme de dialectique — souvent employé pour la démarche talmudique — il faut parler de « dialectique ouverte », car aucune synthèse, aucun troisième terme ne vient supprimer la contradiction. « Tout ne s'apaise pas dans le "Même", dans l'identité de l'identique et du non-identique[57]. » La *Mahloquèt* est une façon de dire et de penser le refus de la synthèse et du système : anti-dogmatisme qui, seul, rend possible une vérité vivante.

A propos des discussions talmudiques, le Talmud dit : « Les paroles des uns et les paroles des autres sont paroles du Dieu-vivant. »

Il faut comprendre cette phrase sous une forme conditionnelle : « *Si* il y a paroles des uns *et* paroles des autres, *alors*, ce sont là des paroles du Dieu-vivant, et, de ce fait, paroles vivantes[58]. » Le rôle de la *Mahloquèt* est de déjouer la satisfaction, de déjouer « le savoir où la pensée se montre toujours à son échelle[59] ».

Mieux, la *Mahloquèt* nous mène sur le chemin d'une pensée non conceptuelle. En effet, dans la pensée conceptuelle, « le divers se rassemble dans la présence de la représentation; acceptant la synchronie, il confirme son aptitude à entrer dans l'unité d'un genre ou d'une forme : tout se laisse penser ensemble : Pensée de la Présence[60] ». Pensée du « Tout-est-présent-ici-et-maintenant ».

La *Mahloquèt*, elle, montre justement que tout ne peut se résoudre au « Même », tout ne peut pas se prêter à la synchronie et à la synthèse; que la perception n'est pas simplement un « com-prendre », un « saisissable ».

La *Mahloquèt* fait éclater la structure immanente de la pensée synthétique et réductrice; elle ébranle la quiétude d'une vérité une, vérité qui s'endort et s'oublie à force de ne plus être pensée.

La *Mahloquèt* est la seule possibilité pour l'événement de la pensée de se déployer en une pensée pensante.

La *Mahloquèt* : combat contre la « pensée pensée »,

c'est-à-dire contre la mort de la pensée et, comme dit le « Maharal » de Prague, contre la mort[61].

En effet, dans le mot *Mahloquèt*, on peut lire *M-hlq-t*, qui signifie que la dualité refuse au mot « mort » *(mèt)* la possibilité de se constituer. La structure logique de la *Mahloquèt* est celle du « livre[62] ». Écriture et effacement (trace), dire et dé-dire.

Dès qu'un maître propose une pensée, son interlocuteur l'ébranle de sa position, de sa positivité : déstabilisation incessante, pensée athétique qui résiste à la synchronisation, ménageant ainsi un séjour à l'infini[63].

Une dialectique ouverte

Pour définir la *Mahloquèt*, est apparue précédemment l'expression « dialectique ouverte », qui signifie que l'esprit s'ouvre à la reconnaissance de l'altérité d'un autre esprit : transcendance du moi comme acceptation de sortir du monde, constitution de l'« Autre » devant moi. Voici trois points de repère qui permettent de préciser cette notion de « dialectique ouverte »[64] :

— Tout d'abord, l'étude et la pensée ne sont possibles qu'à partir d'une expérience du dialogue.

— Ensuite, le dialogue n'est pas un simple échange d'idées, mais « questions-réponses » *(chéélot-ou-téchouvot).*

— Enfin, l'interrogation et la réponse n'évoluent pas au sein de la même sphère de pensée[65].

Dès lors, deux types d'expérience de dialogue, deux types de dialectique peuvent être opposés.

La *Mahloquèt* talmudique et hassidique sera « dialectique transcendante », car l'Autre-homme du dialogue n'est pas un effet de style ; l'interlocuteur n'a pas pour rôle de mettre en valeur celui qui parle. Pour faire mieux comprendre ce qu'est le dialogue talmudique, on peut l'opposer à ce qu'il n'est pas : on peut ici évoquer Platon et les dialogues dits « platoniciens ».

> « La référence à Platon n'est éclairante que négativement. Elle nous aide à écarter tous les faux-semblants de dialo-

> gues. Le dialogue socratique n'est pas un véritable dialogue, en ce sens qu'il s'inscrit tout entier dans le postulat de l'unité de la Raison comme lieu de la vérité, même si ce lieu est, en un sens, encore à découvrir, lui qui est pourtant toujours déjà là.
>
> Pour Platon la Vérité comme Vérité est "Une" et on l'atteint par la réminiscence. Le dialogue devient alors ruse du logos, et la dualité des personnages et des voix qui se font entendre ne sont qu'un chemin vers l'Un. Le dialogue est purement dialectique, forme ornementée et éminemment habile du discours [66]. »

En ce sens la dialectique platonicienne est une « dialectique immanente ». L'interlocuteur, dans bon nombre de cas, se contente de dire : « Oui... ! », « Non... », « C'est exact... », « Je le pense aussi... », etc. C'est en fait le personnage central du dialogue qui formule les questions et les réponses [67].

> « Tout se passe à l'intérieur d'une même conscience ; discours intérieur où la pensée se scinde, facticement, en ayant l'air de s'interroger et de se répondre mais où finalement tout se renoue [68]. »

Dans la « dialectique immanente », la pensée reste la même :

> « Elle passe d'un terme à un terme contraire qui l'appelle, mais la dialectique où elle se retrouve n'est pas un dialogue ou, du moins, c'est le dialogue de l'âme avec elle-même, procédant par questions et réponses, discours intérieur dans lequel l'esprit en pensant n'en demeure pas moins un et unique, malgré ses démarches et son va-et-vient où il peut s'opposer à soi [69]. »

Le maître du Talmud, et le penseur hassidique, à un certain moment de sa recherche, sait qu'il sait ; son étude dans le dialogue ne vise donc pas à conforter un savoir préalable. Tout au contraire, il cherche à être ébranlé, inquiété, mis en échec, débordé [70].

Apprendre n'est pas l'acquisition d'un savoir déjà là, se trouvant de toute éternité chez l'élève ; apprendre n'est pas « réminiscence » et l'enseignement n'est pas une « maïeutique ».

CHAPITRE X

L'énergie du questionnement

La *Mahloquèt* comme fondement de la pensée talmudique et hassidique est liée essentiellement à une certaine conception de l'herméneutique et de la vérité.

Le fait qu'un même texte puisse offrir d'innombrables interprétations implique qu'il n'y a pas d'interprétation « juste ». Ce qui conduit en fait à sortir de la logique binaire du vrai et du faux (de la logique grecque), pour entrer dans ce que nous appellerons la « logique du sens »...

Comme le formule très bien Nietzsche : « Il existe toutes sortes d'yeux... aussi, il y a en conséquence toutes sortes de vérités, et en conséquence, il n'y a aucune vérité [71]... »

Pour entrer véritablement dans la pensée hassidique il faut, chaque fois qu'est affirmée une certitude, chercher l'affirmation opposée avec laquelle cette certitude est en rapport. La pensée hassidique, ainsi, ne cesse de s'opposer, sans jamais se contenter d'elle-même, sans jamais, non plus, se satisfaire de cette opposition.

A cette forme de pensée correspond une parole dont la modalité maintient l'exigence dynamique. Il s'agit, à nos yeux, de la « parole questionnante », de la question.

> « La question est mouvement... Dans la simple structure grammaticale de l'interrogation, nous sentons déjà cette ouverture de la parole interrogeante ; il y a demande d'autre chose ; incomplète, la parole qui questionne affirme qu'elle n'est qu'une partie. La question est donc essentiellement partielle, elle est le lieu où la parole se donne toujours inachevée...
>
> La question, si elle est parole inachevée, prend appui

> sur l'inachèvement. Elle n'est pas incomplète en tant que question ; elle est au contraire la parole que le fait de se déclarer incomplète accomplit. La question replace dans le vide l'affirmation pleine, elle l'enrichit de ce vide préalable. Par la question, nous nous donnons la chose et nous nous donnons le vide qui nous permet de ne pas l'avoir encore ou de l'avoir comme désir de la pensée [72]. »

La pensée hassidique est une pensée de la question, et ce n'est certainement pas par hasard si le premier mot du Talmud est justement une question : *Méématai* : « A partir de quand ? »

Rabbi Nahman de Braslav explique [73] que l'espace interrelationnel de la *Mahloquèt* procède du *hallal hapanouï* de l'espace vide, nécessaire à la création. Dieu se retire : il laisse un « espace vide » *(hallal hapanouï)* qui est essentiellement le lieu originaire de toutes les questions, car il comprend en lui-même la question des questions : l'Énigme ! En effet, Dieu se retire : il est donc absent ! Mais peut-il exister quelque chose coupée de la vitalité que lui insuffle le divin ? Non ! Dieu est donc présent. *Yéch-vé-ayïn*, « Être et néant » coexistent dans un même temps. Lorsque deux maîtres discutent ensemble, la relation procède de ce paradoxe, c'est ce qu'on appelle la *Bina*. Ce mot ne désigne pas une qualité ou une capacité intellectuelle, mais une attitude relationnelle, de dialogue, qu'il faut maintenir.

Qu'y a-t-il donc entre les deux maîtres qui s'opposent ?

> « Un néant plus essentiel que le Néant même, le vide de l'entre-deux, un intervalle qui toujours se creuse et en se creusant se gonfle, le rien comme œuvre et mouvement [74]. »

Un texte des *Pirqué Avot* (texte classique de la littérature talmudique) dit : « Toute ma vie, j'ai grandi entre les maîtres [75]. » Selon Rabbi Nahman, cette maxime signifie : J'ai grandi « entre » *(beyne)*, c'est-à-dire dans l'espace de néant, dans le vide qui sépare et unit les maîtres en situation de *Mahloquèt* [76].

Pour maintenir la relation paradoxale en jeu dans la

Mahloquèt, la question ne doit pas attendre de réponse : « La réponse est le malheur de la question [77]. » En effet, par la question les choses sont amenées, transformées en « possibles », élevées « dramatiquement jusqu'à leur possibilité, au-delà de leur être [78] ».

Répondre serait faire retomber à l'être ce qui tendait au-delà. La réponse supprime l'« ouverture », la richesse de la possibilité ; or le rôle de la question est justement d'ouvrir. La question « inaugure un type de relation caractérisé par l'ouverture et le libre mouvement [79] ».

Dans le cadre du problème de l'interprétation, la question tient une place privilégiée et prend ici le sens de « remise en question ». L'herméneutique, c'est-à-dire l'art d'interpréter, et non pas l'art de répéter, implique la suspension fondamentale de nos propres préjugés.

Or toute suspension de jugement, même et surtout celle des préjugés, a du point de vue logique la structure d'une question. L'essence de la question est d'ouvrir et de laisser ouvertes des possibilités...

L'ouverture de ce qui est demandé réside dans le caractère non fixé de la réponse. La chose demandée doit rester en suspens... mise en suspens de façon que le « contre » équilibre le « pour ». Une question n'achève son sens qu'en passant par ce suspens qui fait d'elle une question ouverte.

« Toute question authentique demande cette ouverture [80]. »

La tradition du Nouveau !

La pensée du penseur commence avec l'étonnement. Mais il ne s'agit donc pas d'« être étonné », mais précisément de s'« étonner ».

L'étonnement hassidique n'est pas une réaction par rapport au monde ; c'est un acte délibéré, volontaire, totalement actif et créatif à la fois. L'origine de cet étonnement ne se trouve pas dans le monde, mais dans l'homme [81].

L'étonnement doit porter sur tout ce qui nous entoure : le temps, l'espace, les choses, les hommes semblables, les animaux, les plantes, les outils, etc., et nous-mêmes.

Paradoxalement, la question ne vise pas l'Inconnu, des mondes mystérieux et invisibles, lointains et difficilement accessibles, les « arrière-mondes », mais le « proche » et le « prochain », tout ce qui est à proximité et que nous rencontrons « tout d'abord ».

Pourquoi ?

> « Parce que ce que nous rencontrons "tout d'abord", ce n'est pas le proche mais toujours l'habituel. [Or] l'habituel possède en propre cet effrayant pouvoir de nous déshabituer d'habiter dans l'essentiel et souvent de façon si décisive qu'il ne nous laisse plus jamais parvenir à y habiter [82]. »

Toute existence personnelle est la reprise d'une tradition pré-personnelle. Cependant, le sens de cette tradition — malgré sa transmission effective — se perd et est souvent oublié : « L'homme dans le monde se meut toujours sur le sol d'une traditionalité non analysée et depuis longtemps impénétrable [83]. »

L'homme est essentiellement un « être traditionnel », c'est-à-dire :

> « qu'il succombe à une tradition qu'il ne saisit que plus ou moins explicitement. Cette tradition le décharge du souci de conduire lui-même sa vie, de poser une question radicale et de faire un choix décisif... La tradition qui impose ainsi sa suprématie, loin de rendre accessible ce qu'elle "transmet", contribue, au contraire, le plus souvent, à le recouvrir. Elle dégrade son contenu en évidence et barre l'accès aux "sources" originelles, où les catégories et les concepts traditionnels furent, au moins en partie, vraiment pensés. Elle supprime tout besoin de comprendre la nécessité d'un retour aux sources [84] ».

C'est ici qu'intervient la question, l'étonnement, « dans la mesure où, à cette occasion, l'homme assiste à la ruine de ses traditions de savoir, de ses pré-connaissances du monde et des choses, et où il éprouve la nécessité d'une nouvelle explication avec le monde [85] ». Pour que se ranime une tradition sclérosée, durcie, pour éliminer les surcharges dont celle-ci s'est grevée en s'inscrivant dans la durée, pour se débarrasser des alluvions qu'elle a déposées, il faut adopter une attitude fondamentalement critique à laquelle il est possible de donner le nom de *destruction*[86] pour en marquer la radicalité et l'importance. Il s'agit d'un acte de destruction totalement positif qui doit permettre à l'homme « de s'ouvrir à *nouveau* et pour ainsi dire *originairement* au monde, de se trouver à l'aube d'un nouveau jour du monde où lui-même et tout ce qui est commencent à apparaître sous une *nouvelle* lumière, où le monde s'offre à lui de *manière neuve*[87] ». Cette idée de la nouveauté de la perception, dans la compréhension du monde et des choses, est une constante de la pensée talmudique[88], midrachique[89], puis de manière encore plus évidente dans la pensée hassidique chez les maîtres comme l'auteur du *Sefat Hemet*[90], Rabbi Nahman Braslav ou encore Rabbi Tsadoq Hakohen de Lublin !

C'est la notion de *Hithadechout* que l'on trouve comme référence principale dans les commentaires du verset 16 du chapitre 26 du Deutéronome : *Hayom hazé Hachem Eloquékha metsavékha laassot* : « Aujourd'hui, Dieu t'ordonne de faire... »

Le *Midrach Tanhouma* demande :

> « Que signifie ''aujourd'hui'' ? *(Hayom hazé)*. Le Saint — béni soit-il — n'avait-il rien ordonné jusqu'à présent ? Pourtant l'''aujourd'hui'' en question se situe dans la quarantième année après la Révélation[91]. Voici ce qu'il faut comprendre : ''Moïse dit à Israël : la Tora doit vous être si chère que chaque jour doit être pour vous le jour même de la Révélation *(Kéilou bayom hazé quibaltèm otah méhar Sinaï)*.'' »

Nous possédons une autre version de ce Midrach, donnée par Rachi dans son commentaire sur le verset cité. C'est en fait cette version qui est reprise généralement par les commentateurs :

> « Aujourd'hui, c'est-à-dire qu'ils soient [les commandements] considérés à nos yeux comme s'ils étaient nouveaux *(Yiyou beénékha kéhadachim)*. »

La suite de ce Midrach, beaucoup plus rarement citée, est d'une importance capitale :

> « Rabbi Yohanan dit : Celui qui fait la Tora [*Kol haossé èt Hatora*] selon sa vérité [*laamitah*] est considéré comme s'étant fait lui-même [*Kéilou hou assa atsmo*] ainsi qu'il est dit : En ce temps-là [*baèt hahi*] Dieu m'a ordonné de vous enseigner ces règles et ces lois pour que "vous les fassiez" [*laassotekhèm otam...*]. Il n'est pas écrit que "vous les fassiez" [*laassot otam*], mais que "vous vous fassiez" [*laassotekhem atèm*] [92], c'est ainsi que l'homme se crée et se fait lui-même [*hou assa ouvara èt atsmo*] ».

A partir de ce Midrach, nous pouvons faire quelques remarques sur les motifs et les finalités de l'« attitude questionnante » [93]. L'étonnement et le questionnement « font sortir l'homme hors du mode fondamental de son accomplissement de vie [94], hors de la négligence et de la paresse métaphysique où il a cessé d'interroger le monde... ».

L'étonnement et le questionnement — la *Hokhma* — jettent l'homme hors de l'engagement de la familiarité quotidienne avec le monde, familiarité prédonnée, traditionnelle et archaïque, avec le monde depuis toujours débattue, vers l'indigence créatrice d'un non-savoir.

Par l'étonnement et le questionnement, l'homme va pouvoir se libérer une bonne fois (pour toutes) de l'emprise (fût-elle inconsciente) de certaines habitudes de pensée, convictions, théories reçues sans vérification, opinions, préjugés, décisions toutes faites, qui décrètent ce que sont le monde, les choses, les personnes, la connaissance, etc.

Jusqu'ici, la fonction de la *Hokhma* a été présentée, sur un plan théorique, on pourrait dire dans le cadre d'une « théorie de la connaissance ». Le Midrach que nous avons cité semble insister, pour sa part, sur la connaissance de l'être et du faire, ainsi que sur le rapport entre être et savoir. *Kol yom kéhadachim*, qu'on pourrait traduire par la « tradition du nouveau », nécessite après le moment de « destruction positive » une réactivation du sens [95]...

Le *hidouch*, l'« innovation de sens », aspire toujours

à aller au-delà du sens prédonné. On ne sort pas de l'habituel pour retrouver l'origine ; le mouvement n'est pas régressif. Il existe au contraire une volonté impérieuse de construire le sens pour construire le développement de l'Histoire. La réactivation ranime la force créatrice de l'interprétation. Ce n'est pas le sens qui est réactivé, mais toujours le pouvoir du mot, de l'événement ou de la chose de signifier encore et au-delà...

TROISIÈME PARTIE

CORPS ET GRAPHIE

Petit traité de méditation hébraïque

Il est interdit d'être vieux.
Rabbi Nahman de Braslav.

Introduction

Après avoir abordé les grandes lignes historiques et philosophiques du hassidisme, nous allons proposer dans cette troisième partie un aspect fondamental et pourtant peu connu de la mystique hassidique, consacré à la méditation et à certaines pratiques corporelles qui conduisent à la découverte de l'univers intérieur et à des expériences d'élévation et de relations privilégiées avec le divin.

Cet aspect du judaïsme a tellement été occulté et refoulé qu'il apparaît, même aux yeux des spécialistes, comme un délire ou une hérésie. Et pourtant il existe bien une mystique méditative dont le précurseur le plus important est Rabbi Abraham Aboulafia (1240-1292). A ce sujet, on parle aussi de *Cabale extatique*[1] ou encore d'expérience ou de *Cabale prophétique*. La mystique hassidique telle qu'on la rencontre chez les premiers maîtres et en particulier chez le Baal Chem Tov s'inscrit directement dans cette lignée de la Cabale extatique.

La méditation hébraïque comprend plusieurs aspects :

— récitations combinatoires de mots et de noms ;
— techniques respiratoires ;
— visualisation dynamique des lettres hébraïques ;
— mouvements et postures du corps.

CHAPITRE I

Méditation et santé

Le but de la méditation est de s'élever et de trouver le meilleur équilibre physique, spirituel et intellectuel : jouissance d'être. Bien-être au monde.

Même si, chez certains maîtres comme Aboulafia, le but de la méditation est l'extase ou ce qu'il nomme est l'expérience prophétique, on peut utiliser une autre formulation de ce but, celle de la *santé* de l'être. Comprendre la signification exacte du mot *santé* exprimé en hébreu permettra de mieux sentir les buts et les fonctionnements de la méditation.

En hébreu, la santé se dit *Beriyout (Bèt-rèch, yod-aleph-vav-tav)*. L'adjectif sain est *bari (bèt-rèch-yod-aleph)* au masculin et *beria (bèt-rèch-yod-aleph-hé)* au féminin.

Il est très important de noter que ces mots sont de la même racine que *Beriya*, qui veut dire « création du monde », et du verbe *bara*, qui veut dire « créer ».

Être en bonne santé, c'est donc, pour la pensée hébraïque, se situer dans une position de « création », de recréation incessante de soi et du monde.

La *Beriyout* se fonde dans une conscience dynamique de soi, corporelle et mentale.

Ce dynamisme est possible si l'homme ne se vit pas comme une structure achevée, mais comme le lieu d'une naissance de soi et corollairement du monde.

Nous verrons plus loin que la *Beriya* est le passage du néant à l'être, représenté dans sa manifestation infinitésimale par le point qui va ensuite subir les métamorphoses de la « formation ».

La santé vécue comme création rend nécessaire le retour

à la situation de l'émergence de l'être. Il ne faut pas voir le monde en ce qu'il est mais dans son « en train » d'être, son « en train » de naître.

Et puisque le rapport de l'homme au monde passe essentiellement par une traduction langagière, il faut un langage en train d'éclore pour dire cette création.

Dès lors, on comprendra pourquoi il existe un ensemble de techniques de mise en mouvement du langage qui permettent dans chaque combinaison de voir naître un nouveau mot.

Être en bonne santé *(Beriya)* c'est être une créature *(Beriya)* se percevant et se vivant comme en train de naître.

C'est dans cette perspective que la Cabale a mis en place la dialectique de *Ani* et *Ayin*, du « Je » et du « Rien ».

En hébreu, le mot « je » se dit *Ani* et s'écrit *aleph-noun-yod* ; trois lettres qui écrivent aussi *Ayin*, *aleph-yod-noun*, c'est-à-dire le « néant ».

Cette néantisation provisoire est la clef du dynamisme de l'être (cf. plus loin chapitre IV).

Le but de la méditation est de maintenir la dynamique de l'être qu'on nomme en hébreu *ratsone*, qui dans le langage courant signifie « volonté ».

Le *rastone* est plus que la volonté. Il est désir de vivre, impulsion vitale profonde, qui se caractérise par une tension interne créatrice qui s'annonce comme pulsion de vie et fonde l'homme comme être-projet [2].

La *Beriyout*-santé consiste à permettre l'expression du *ratsone*, expérience renouvelée de l'énergie créatrice qui permet à l'homme de tendre vers un « plus loin » pour s'élever vers un « plus haut ».

Cette énergie intérieure qui pousse l'homme à toujours s'inventer autrement se nomme aussi *Simha*, c'est-à-dire « joie », dont les lettres hébraïques signifient aussi le Messie.

En effet, le mot *hasimha*, la « joie », se réécrit *machiah*, c'est-à-dire « Messie ».

Être porteur du « Messie », c'est entendre résonner en soi ce mouvement de l'être qui est désir et vouloir être...

CHAPITRE II

La joie comme thérapie

Le hassidisme est un plaidoyer pour une existence joyeuse et heureuse.

Avec le Baal Chem Tov, la tristesse disparaît.

Nous avons montré les grandes lignes de la pensée hassidique qui se présentait comme une éthique du renouvellement de la pensée et de l'action.

En une phrase de Rabbi Nahman de Braslav, nous entendons l'essentiel : « Il est interdit d'être vieux. »

L'éthique du renouvellement est fondée sur une définition de l'homme comme être de désir *(ratsone)*. Cette capacité d'être-autre tend vers la joie et est à proprement parler la joie : *Simha* [3].

La joie est à la fois le but et le lieu même du désir ; elle est cette force interne qui pousse l'homme à..., qui tire l'homme vers l'avenir.

« L'existence n'est pas seulement une course indéfinie, une différentialité perpétuelle, elle est aussi orientée vers un but qui se nomme joie d'exister [4]. »

Mais, attention ! elle n'est jamais plénitude totale car, ici, il nous faut souligner encore que la perfection de l'homme est sa perfectibilité (Neher).

L'ouverture hassidique est une aventure de la joie.

Rabbi Nahman de Braslav a formulé cet impératif catégorique : *Mitsva guedola liyehot besimha tamid* : « C'est une grande *Mitsva* [obligation] d'être toujours dans la joie. »

« La *tristesse*, c'est l'exil de la présence divine, disait-il encore. Mais lorsque l'homme fait une action dans la joie, s'ouvre au miracle futur, il délivre les étincelles de sainteté retenues prisonnières dans les êtres [5].

La joie de l'action libère les étincelles, mais la libération des étincelles est ce qui est la source même de la joie[6].

Lorsque la joie saisit le corps de l'homme, ses mains se lèvent, ainsi que ses pieds. Il ne peut alors s'empêcher de danser[7]. »

Ces quelques aphorismes remarquables de Rabbi Nahman, que l'on trouve dans son œuvre intitulée *Liqouté Moharan*, montrent bien le rapport entre la joie et la création ou la libération... « La joie est ce qui permet à l'homme d'innover de nouveaux sens dans la Tora[8]. »

Dans le chapitre 24 du *Liqouté*, Rabbi Nahman développe une dialectique très importante où il montre l'impossibilité pour le désir et la joie d'atteindre l'infini. Il reste toujours une force antagoniste qui pousse dans la direction contraire. La dynamique de la recherche est conditionnée par une impossibilité radicale d'atteindre l'infini. Sans cela, l'homme s'annulerait de manière définitive.

La joie a une place si importante dans le hassidisme qu'elle conditionne maladie et guérison. Pour Rabbi Nahman, par exemple, toutes les maladies n'ont qu'une origine : la tristesse.

> « C'est une grande mitsva d'être toujours dans la joie, de se renforcer et d'éloigner la tristesse et l'amertume de toutes ses forces.
>
> *Toutes les maladies qui viennent sur l'homme, toutes viennent de la dégradation de la joie...* La dégradation de la joie vient d'une distorsion du "chant profond" [*nigoun*], des dix rythmes vitaux [*Defiquim*].
>
> Quand la joie et le chant [*nigoun*] sont abîmés, la maladie s'empare de l'homme.
>
> La joie est un grand remède.
>
> Il s'agit de trouver en soi un seul point positif qui nous rende joyeux et de nous y attacher. »

La joie est la création d'un espace où la parole peut se donner, exister...

Comme le rire, en son éclat, bouleverse l'espace sonore, l'agrandit et lui ouvre son espace de résonance, ainsi la joie est liée à la capacité à s'exprimer, à se dire, pour briser les chaînes de l'enfermement, du cercle des mots et des pensées toutes faites. La joie est cette capacité que l'homme a à s'inventer [9].

La joie, c'est une danse, une ronde qui trouve la force d'ouvrir un maillon pour donner un nouveau souffle à la vie [10].

CHAPITRE III

Méditation et plaisir

Dans la tradition cabaliste issue de l'école d'Abraham Aboulafia, la finalité de la méditation est d'atteindre des niveaux de connaissances qui sont ceux de l'expérience prophétique. L'expérience prophétique s'atteint par un ensemble de techniques de récitation des Noms divins et de mots clefs liés à des techniques de respiration et de visualisation. Pour Aboulafia, cette expérience prophétique doit mener l'homme à s'unir avec les puissances célestes et à ouvrir les chemins de l'immortalité de l'âme.

Remarque importante : contrairement à de nombreuses doctrines mystiques qui recommandent l'ascèse pour arriver à des états extatiques, Aboulafia pense qu'aucun comportement ascétique n'est nécessaire pour celui qui tente d'atteindre à la prophétie. Il n'y a pas dans la méditation hébraïque cette dévalorisation de la matière et du corps telle qu'on la rencontre dans la littérature néoplatonicienne. Il n'y a pas de combat qui met aux prises l'intellect et le corps ou l'intellect et l'âme.

Aboulafia va même dans une direction audacieuse en utilisant certaines images érotiques et sexuelles qui ne sont pas des métaphores qui diraient la relation mystique de l'homme avec les puissances de l'en haut, mais qui soulignent que le plaisir s'adjoint à l'expérience prophétique. « On pourrait soutenir, commente Moshe Idel [11], qu'il ne s'agit là, en fait, que d'une analogie théorique entre l'image de l'acte sexuel proprement dit qu'accompagnent le plaisir et l'expérience prophétique. »

Cependant, dans plusieurs essais, Aboulafia prend la peine d'éclairer de la meilleure façon possible l'idée que la jouissance *per se* constitue le but de l'expérience prophétique.

Dans son livre *La Lumière de l'intellect*, il écrit :

> « La lettre est comme la matière, et le point-voyelle comme le souffle qui meut cette matière, et l'entendement qui fonctionne et fait fonctionner est comme l'intellect, et c'est lui qui opère sur le souffle et sur la matière ; et le plaisir qu'en retire celui qui a accédé à ce qu'il lui était possible d'atteindre constitue le véritable but. »

Dans son livre *Le Trésor des délices cachés*, il ajoute :

> « Tu ressentiras qu'un nouveau souffle viendra s'ajouter à toi, te réveillera et passera sur tout le corps, et il te réjouira, et tu auras l'impression qu'il déverse sur toi, de la tête aux pieds, l'huile d'un baume parfumé, une ou plusieurs fois, et tu éprouveras un sentiment de contentement et de grande jouissance, mélangé de joie extatique et de tremblement, s'emparant de l'âme et du corps. »

Aboulafia est donc prêt à considérer la jouissance physique comme un moyen propre à exprimer le sentiment qui accompagne l'expérience prophétique, se distinguant par là des auteurs chez qui l'image de l'accouplement physique sert à décrire leur amour avec le divin [12].

CHAPITRE IV

La dialectique du « je » et du « rien »

La Bible et le Talmud [13] opposent le « Je » qui se dit *Ani (aleph-noun-yod)* au « Je » qui se dit *Anokhi (aleph-noun-khaf-yod)*. Deux modalités pour dire le « je », l'une étant celle d'un « en-train-de-se-faire » par la *parole* : le *Ani*; la seconde, *Anokhi*, est un « Je » déjà réalisé, inscription de manière définitive dans l'*écriture*.

Le Talmud fait éclater le mot *Anokhi* et produit la phrase : *Ana nafchi ketivat yahavit* : « Moi, mon âme, je la donne dans l'écriture. »

La différence entre *Ani* et *Anokhi* est la lettre *kaf*, première lettre du mot *ktav* : écriture. *Kaf* signifie aussi la paume de la main.

Dans les textes d'inspiration cabalistique, il est souligné avec force le fait que les trois lettres qui écrivent le mot *Ani (aleph-noun-yod)* écrivent aussi le mot *Ayin* [14] *(aleph-yod-noun)* qui signifie le « néant », le « rien ».

Par la capacité de parler, le « Je/*Ani* » peut faire l'expérience du « rien/*Ayin* ». En ce sens, il échappe à tout enfermement dans une quelconque définition; en cela consiste sa liberté par laquelle il se distingue de l'ensemble des objets fabriqués.

Les objets sont quelque chose, mais le « Je » véritable, *Ani*, le « Je » proprement humain n'est rien de déterminé : il n'est pas identifiable. En d'autres termes, il est scission d'avec lui-même, puisqu'il est toujours au-delà de tout ce qui pourrait le déterminer.

Le « Je/*Ani* » se distingue par le refus de s'attribuer une essence, de s'emprisonner dans une quelconque phrase définitive, dans une quelconque définition historique ou naturelle. Le *Ani* renferme intrinsèquement le *Ayin*, le « Je » porte en lui la potentialité du « rien », du « néant », il consiste en cette capacité de s'arracher à toute assignation d'une essence.

Il est fondamentalement un *ma*, un « Quoi ? » qui le soustrait au risque de la définition.

L'« homme-quoi ? » signifie que « le propre de l'homme est de ne pas avoir de propre, la définition de l'homme est de ne pas avoir de définition, son essence est de ne pas avoir d'essence [15] ».

L'« homme-quoi ? » est *Ayin*, néant. Impossible pour lui, s'il veut rester authentiquement homme, de coïncider avec une quelconque identité, qu'elle soit naturelle, familiale ou sociale. Le propre de l'homme est « néant », *liberté*, *ex-sistence*, ou encore *transcendance*. Tous ces termes signifient la capacité d'arrachement aux multiples codes qui menacent sans cesse de l'emprisonner.

L'« homme-quoi ? » risque sans cesse de devenir un « voilà-l'homme-que-je-suis », se confondant à des déterminations particulières. Il devient alors un « Je-*Anokhi* », inscrit dans une représentation imaginaire de soi. Il accepte, pour un temps et souvent définitivement, une image de soi ; il s'identifie alors à un personnage ou à un rôle. Ce faisant, il cesse d'être « néant » : il devient quelque chose. Choséifié, réifié, il perd sa liberté qui est constitutive de son humanité, de son « Je-*Ani* » authentique. Il se résout à *adhérer* à une image, abolissant ainsi la distance, le néant, la scission et, de fait, son pouvoir-être-autrement qui le définit comme être éthique et d'abord tout simplement humain.

Le « Je-*Ani* », qui ex-siste dans sa capacité d'arrachement, refuse, cela va de soi, la détermination causale de la conscience et de la volonté, par des rapports socio-économiques qui transforment l'existence du sujet en objet ou en machine dont on pourrait démonter les rouages et les mécanismes.

Le « Je-*Ani* » refuse d'être simplement le « site », le « là » où l'Être viendrait échouer pour faire époque ; il n'est donc pas le lieu du *destin*. Il n'est pas l'être passif qui se laisse être et déchoir dans la destinée parce que ce serait « inscrit ».

Par son action inventive de l'« altérité », le « Je-*Ani* » refuse le comportement répétitif ou simplement « suiveur » auquel il serait réduit comme simple jouet de la nature ou de l'Histoire.

Le « Je-*Ani* » vise l'humanité et non la choséité ou l'animalité ; pour ce faire, il prend conscience de sa capacité à ne pas être clos sur lui-même comme l'est une chose.

Le « Je-*Ani* » est ouverture.

L'ouverture est ce qui ménage, pour un être libre, la capacité, par rapport à ce qui est et à ce qu'il est, de poser des fins définissant ce qui doit être et ce qu'il doit être ; ces fins ne sont pas de l'ordre de l'absolu car, en ce cas, les atteindre serait la mort de l'homme.

Les fins sont posées stratégiquement comme l'Ailleurs, l'autrement-qu'être. Un devoir être autrement rend possible un pouvoir être autrement.

Lorsque le « Je » devient *Anokhi*, il doit, de toutes ses forces, essayer de retrouver le *Ani-Ayin* ; il doit se proposer à la « brisure », faire éclater le Moi qui s'est identifié, qui a accepté le destin d'une identité. Mais la « brisure » peut aussi devenir un système, et le Moi peut alors s'enfermer dans l'image de la « Brisure », ce qui est encore peut-être plus risqué, car on se leurre soi-même sur son exsistence.

C'est ainsi qu'il faut envisager une « brisure de la brisure ».

La méditation est ce moment privilégié où l'homme s'arrache à l'image de lui-même, lorsqu'il refuse de s'enfermer dans le maintenant de la représentation [16], dans l'abolition du temps.

CHAPITRE V

Énergie, ombre et maladie

La méditation a pour vocation d'orienter l'existence vers l'être-bien, physique et psychologique, tout en soulignant que le physique et le psychique sont étroitement interdépendants.

Rabbi Nahman de Braslav explique dans son livre *Liqouté Moharan* les origines de la maladie [17].

Pour lui, la maladie provient d'un obstacle à la circulation de l'énergie vitale. L'homme malade est un être bloqué, obstrué, enchaîné, « bouché ».

Ainsi la guérison consiste à dénoncer les nœuds qui bloquent cette circulation de l'influx vital qui se nomme en hébreu *Chéfa*, *chin-phé-ayin*.

On notera que lorsque ce mot ne peut s'écrire dans l'ordre de ses trois lettres *chin-phé-ayin*, il écrit — c'est une possibilité — le mot *pécha*, *pé-chin-ayin*, qui signifie la « faute », le « dévoiement ». Ce rapprochement ne vise pas à culpabiliser le malade, mais au contraire à lui offrir la possibilité de comprendre que la guérison dépend de lui et de sa manière d'être-au-monde. La « faute » n'est pas dite ici en termes moraux, mais en termes existentiels.

La méditation cherche à mettre au jour les nœuds qui font obstacle à l'influx d'énergie et à les délier, ce qui sera fait essentiellement par la mise en mouvement du langage.

Donnons la traduction *in extenso* de ce passage important de Rabbi Nahman. Remarquons que le langage théologique qu'il utilise est à traduire en langage d'abord ontologique, puis existentiel. C'est une orientation de lecture fondamentale : passer d'une perspective théologique à une perspective anthropologique :

> « Tous les manques de l'homme, que ce soit les enfants, le travail-salaire, et la santé [*banim*, *parnassa* et *Beriyoute*], tout est du côté de l'homme lui-même. Car la lumière du Saint — béni soit-il — se répand en permanence sur lui. Cependant c'est l'homme lui-même qui par ses "mauvaises actions" se fait de l'ombre à lui-même [*tsel leatsmo*] faisant obstacle à la lumière de Dieu qui ne peut l'atteindre.
>
> La meilleure façon de supprimer l'ombre obstruante est de s'annuler, se faire *ayin*. »

Avec l'éclairage donné dans le chapitre précédent, on comprend parfaitement le sens de « se faire *ayin* » : annulation provisoire de son identité « fermée-lourde-et-définitive » pour retrouver l'énergie créatrice d'un avoir à être.

L'énergie qui porte la vie est essentiellement temporelle : elle développe le temps de l'humain.

De ce fait, toute maladie, en tant qu'obstruction au passage de l'influx-vital-temporel, est une maladie « chronique ».

Le blocage de l'influx bloque le temps ou peut-être faut-il dire plus justement que tous les facteurs qui bloquent la temporalité produisent la maladie.

En hébreu, le mot maladie se dit *mahala*, de la racine *mahol*, « faire une ronde », « tracer un cercle ».

Pour sortir de la maladie, il faut sortir de l'enfermement, de l'image du cercle, briser le cercle !

Le rapport relationnel au monde n'est pas une donnée statique, un ensemble structuré déterminé.

Au contraire, à tout moment, c'est une donnée dynamique, qui glisse dans l'espace et le temps. C'est, selon l'image d'Héraclite, un long fleuve (pas tranquille du tout).

Il est, au même temps et au même moment, à la fois « passé-présent-futur ». Ainsi, le sujet ne se dispose pas dans un tout structuré déterminé.

L'homme, comme le réel, est en mouvement. La méditation hébraïque consiste essentiellement à percevoir ce mouvement de l'être pour l'intérioriser et le vivre.

Pour la tradition cabaliste et hassidique, la lumière-influx de l'Énergie se trouve de façon privilégiée dans les lettres de l'alphabet hébraïque et plus particulièrement encore dans les lettres du Nom divin.

La mise en mouvement du langage sera ainsi le centre de la technique méditative. La méditation est dans une situation dynamique et dynamisante de l'énergie, terme qu'il faut entendre à la fois sur un mode concret et symbolique.

Un des aspects essentiels du rite hébraïque est d'inscrire dans le réel les marques du langage en mouvement, pour rappeler à l'homme lecteur des signes du monde qu'il n'existe que dans la dynamique de l'être[18].

La recherche de la sécurité pousse l'homme à construire des structures où il se sent protégé, et dont il aime se faire le centre, dans la mesure du moins où il peut reconnaître un tel centre et s'identifier. Ces structures sont d'ailleurs nécessaires pour la construction de la personnalité ou, selon notre terminologie, le *Ani-Anokhi*. Cependant, s'installer dans ces structures déterminées est le plus grand danger pour l'humain.

En effet, même si le « foyer », son « chez-lui », la « communauté » offrent un sentiment d'acceptation, d'accueil, de structure vivable à laquelle il peut s'identifier et trouver sa place, c'est là que surgit le problème.

Naissance d'un paradoxe : par son identification avec le centre d'identité de la structure, il perd de son identité.

Dans la pratique quotidienne de la vie en société, cela se traduit par l'affiliation au « groupe », à la « communauté », au « parti », à l'« establishment », à l'« idéologie », à la patrie, matrie, etc., qui exigent l'adaptation de leurs membres par règlement, subordination.

L'identité centrale du groupe dépouille les membres de leur liberté, de leur identité. Le sujet disparaît dans l'anonymat du groupe.

La méditation hébraïque liée à une pratique herméneutique faisant éclater les structures des « déjà-là » de l'institution offre au sujet le chemin de la liberté.

Elle fait obstacle à la construction rationnelle d'un « sujet unique-commun », qui est soumis au groupe, à l'État, à la bureaucratie, à la technocratie, dépouillé ainsi de toute individualité.

Il est remarquable que de nombreux rites hébraïques consistent justement à faire éclater les structures d'enfermement. Que ce soit la fête de Pessah (Pâque) marquant la libération de l'esclavage, ou bien la fête de Soucot qui marque le séjour dans le désert (habitation dans des cabanes provisoires pour sortir de la sécurité identitaire du groupe), etc.

Le rite est donc une manière de se mettre en harmonie avec les vibrations dynamiques de l'influx d'énergie et de le laisser circuler dans l'être humain.

Toute entrave à cette circulation d'énergie produit un nœud, des nœuds, qu'il faut détacher.

CHAPITRE VI

La guérison : dénouer les nœuds

Méditation et psychanalyse

Un texte du traité talmudique *Sanhédrin* 100a va nous aider à approfondir cette dialectique maladie-guérison. Il est question dans ce texte du sens de la *thérapie*, de la guérison. Étrangement, mais il y a là plus qu'une simple coïncidence, l'hébreu dit *teroupha* pour guérison. La proximité phonétique entre *thérapie* et *teroupha* n'est pas seulement mnémotechnique.

> « Rabbi Yirmiya était assis devant Rabbi Zeïra et dit : le Saint, béni soit-Il, fera sortir du plus saint de Sa demeure un fleuve ; au bord de ce fleuve, pousseront toute sorte de fruits délicieux, car il est dit : "Et, près du fleuve, sur les bords, des deux côtés, s'élèveront toute sorte d'arbres fruitiers, dont les feuilles ne se flétriront point et dont les fruits ne s'épuiseront point. Chaque mois, ils donneront de nouveaux fruits, car leurs eaux sortent du sanctuaire ; leurs fruits serviront de nourriture et leurs feuilles de remèdes." » (Ézéchiel, 47, 12.)

Rabbi Yirmiya rappelle l'existence d'une prophétie du prophète Ézéchiel qui va servir d'argument à la discussion entre plusieurs maîtres du Talmud. Ce qui les intrigue dans ce verset est l'expression « et leurs feuilles [serviront] de remède » ; en hébreu cela est dit : *véaléou literoupha.*

Rav Itshaq ben Abdimi et Rav Hisda ont, sur ce point, un commentaire différent mais tous deux s'accordent pour interpréter le mot *literoupha* par « déliement ». Ils cassent le mot en deux (en une « lecture aux éclats ») et lisent *lehatir pé* : « pour délier la bouche ».

Pour le Talmud, la thérapie est le « déliement », le

« dénouement » de la bouche, et la maladie, l'existence d'un nœud qui fonctionne comme mensonge et interdit. Le nœud en hébreu se dit *quécher* et est une variation de *chéquer* : le « mensonge ». *Lehatir* signifie à la fois « dénouer » et « permettre, autoriser », le contraire de *léessor*, « interdire ». Les expressions centrales de la *Halakha* (la loi juive) sont *moutar* et *assour*, « permis » et « interdit », qui peuvent s'entendre aussi « délié » et « attaché ».

Mais les deux maîtres ne sont pas d'accord sur le sens du dénouement de la bouche, ou plutôt de son lieu d'expression.

> Rav Itshaq ben Addimi dit qu'il s'agit de la « bouche d'en haut » *(pé chèl maala)* et Rav Hisda de la « bouche d'en bas » *(pé chèl mata)*.
>
> Parole de la bouche et parole du sexe ou de la matrice.
>
> Ézéchias voyait dans ces feuilles « un remède pour délier la bouche des muets » et Bar Kappara, « un remède pour ouvrir la matrice des femmes stériles ».
>
> Rabbi Chmouel bar Nahmani dit : Ces feuilles serviront à embellir le visage des orateurs. Il lit *literoupha* comme *letoar panim* (embellir le visage) des *baalé hapé* (des orateurs).

Que veut enseigner ce texte ?

Que la maladie est un mal-à-dire, selon cette formulation toute talmudique de Lacan. Malade de ne pouvoir parler parce que la parole est enchaînée, parce qu'elle n'a plus de lieu, d'espace pour s'exprimer.

Rabbi Nathan de Nemirov, secrétaire et disciple de Rabbi Nahman de Braslav, souligne que le mot *alim*, « feuilles », comme en français par exemple, signifie à la fois la « feuille de l'arbre » et la « feuille pour écrire ou déjà écrite ». Les « feuilles du livre » pour dénouer, délivrer la parole enchaînée — voilà le sens de la guérison, la direction dans laquelle il faut s'aventurer pour effacer la souffrance d'un « mal à dire ».

Un préjugé fréquent envisage l'*analyse* (la séance d'analyse) comme un moment privilégié pendant lequel une sorte de génialité herméneutique rend possible la construction d'un ensemble d'interprétations sur les objets les plus variés : rêves, actes manqués, rencontres, etc.

En fait, l'interprétation comme actualisation du sens, passage d'un sens potentiel à un sens actuel, est une non-analyse. La formule talmudique *lehatir pé* souligne avec force l'aspect de « dénouement ».

L'analyse est d'abord une « déconstruction » du sens. La parole de séance n'est pas faite pour mettre au jour des significations mais pour y introduire un « trou », en hébreu *hor*, qui dit aussi l'espace, *révah*, et le souffle, *rouah*.

La dimension thérapeutique de l'interprétation ne consiste pas à sémantiser, à sédimenter toute écoute de sens.

Le « dénouement » du *lehatir pé* annule l'idée, chez le patient, et l'illusion, chez l'analyste, qu'il y a un document à décrypter, à « comprendre ».

D'où le danger des analyses à fétichisation herméneutique, dans lesquelles l'analyse consiste à déchiffrer et à élaborer des significations qui enferment le patient dans des contenus de conscience définitifs et annulent, dans le même temps, le sens même de l'analyse.

L'analyse est un travail de libération et d'ouverture. C'est en ce sens qu'il faut comprendre le commentaire de Rachi, qui dit qu'un mauvais rêve est mieux qu'un bon rêve car il inquiète et fait sortir d'un état de satisfaction à tendance léthargique. Comme question, il casse le sens au lieu de le renforcer.

L'interprétation dans l'analyse et dans le Talmud s'énonce dans un paradoxe : « Il n'y a de construction que dans la mesure où s'opère une déconstruction[19]. » Le travail d'interprétation inaugure un travail de désignification, de déliement, littéralement de dé-lire, qui fait obstacle à l'actualisation sémantique des mots.

La thérapie de la *teroupha* travaille à dé-signifier les fixations sémantiques de la langue. La langue comme véhicule de signification et outil de communication utilise un système lexical qui assigne aux mots une fixité objective de signification et bloque la langue sur les conditions de fonctionnalité du discours.

Le premier moment de l'analyse est de ré-ouvrir les mots à un fonctionnement polysémique et, cela, par la rupture d'un acte de dé-signification, de dé-lire et de dénouement.

L'apport essentiel de la lecture midrachique mais surtout cabaliste, dans la « lecture des lettres » contre la « lecture des mots », est cette pratique déconstructive de la langue — pratique poétique de dé-signification.

La dé-signification libère tous les éléments constitutifs de la langue : les mots ne veulent plus « rien » dire. Mais une nouvelle vie se crée à l'intérieur même des mots : les syllabes, les consonnes, les voyelles se mettent à s'échanger, à parler, à se répondre. Ils sont rendus à l'échange (et ce processus est une jouissance). Il y a là un degré zéro du sens, qui n'est pas congélation du sens mais bien vie, mouvement et temps.

Parler dans l'analyse, c'est, par le pouvoir de disjonction et de dé-liement *(lehatir pé)*, ouvrir la parole à son vide, et cette ouverture est un désistement et un dessaisissement des significations dans lesquelles le patient se prenait et se comprenait.

Le degré zéro du sens n'est pas qu'un moment entre la dé-signification et la re-signification. Il y est un essai de faire échec à la signification et, en même temps, de mettre à découvert le fondement même de la signifiance.

La non-recollection radicale du sens pose aussi problème, soit par déliquescence de la personnalité et, de fait, impossibilité de survie, soit par systématisation du non-système qui équivaut à une sédimentation.

Le pluralisme interprétatif au sein de la même personne, comme jeu dynamique de différentes perspectives, semble une solution à long terme.

CHAPITRE VII

Le langage des oiseaux

L'enseignement du Baal Chem Tov

Le philosophe, bien formé à l'école des idées claires et distinctes, qui veut maintenir les mots dans la précision de leur sens, qui prend les vocables comme mille petits outils d'une pensée lucide, ne pourra que s'étonner devant les témérités du cabaliste, de l'homme du Midrach ou du Talmud. En étudiant les œuvres du Midrach mais plus encore de la Cabale et du hassidisme, on se surprend à vivre dans les mots, à l'intérieur des mots.

La lecture cabaliste et hassidique crée des ambiances nouvelles autour des mots et dans les mots ; elle réveille des sens oubliés qui semblaient cristallisés en de solides parfaits.

La Bible comme histoire sainte a pu nous dépeindre, dans une lecture narrative, l'histoire d'un homme nommé Noé qui fut sauvé du Déluge en construisant une arche. L'Arche de Noé ! L'expression est bien connue. Tous les animaux de la terre y sont entrés (... sauf les poissons), et un monde en modèle réduit survécut à la destruction.

Et si l'Arche de Noé n'était pas seulement un bateau ? Et si le terme « arche » était autre chose qu'un *kibotos*[20] en grec, qui signifie « coffre », ou *arca* en latin qui signifie aussi « boîte » ou « coffret » ?

En hébreu, le mot qui désigne l'« Arche » se dit *téva* (*tav-bèt-hé* ou *tav-yod-bèt-hé*). Le terme se rencontre à deux reprises : une fois lors de l'épisode du Déluge[21] et une seconde fois lors de la naissance de Moïse qui est caché sur les eaux du Nil à l'intérieur d'une *téva* (Exode, 2, 5).

Personne n'a jamais parlé de l'« Arche de Moïse » !

Mais on parle bien d'une « Arche sainte » alors que l'hébreu, dans ce cas, dit *arone*[22] et non *téva* !

Pour l'hébreu, le terme *téva* signifie aussi un « mot » comme l'indique le Talmud[23] dans cette expression : *téva bat chété otiyot*, « un mot de deux lettres », ou l'expression courante : *raché tévot*, « têtes de mots », c'est-à-dire « initiales ».

Le Baal Chem Tov[24] reprend cette polysémie du mot *téva* pour produire une nouvelle lecture, complètement originale, de l'épisode du Déluge. Pour sortir de la violence *(hamass)* dont fait mention le texte (Genèse, 6, 18), il ne faut pas monter sur un bateau, mais pénétrer dans le « mot » et en retrouver toutes les dimensions et les profondeurs.

La violence serait une perversion du langage ayant perdu la dimension plurielle dont il est porteur[25]. Il est assez surprenant que les mesures de l'« Arche » — 300 coudées pour la longueur, 50 pour la largeur et 30 pour la hauteur — écrivent en hébreu le mot *lachone* (*lamed* = 30 ; *chine* = 300 ; *noun* = 50 [en *guématria*]), ce qui signifie la « langue », à la fois l'organe physique mais aussi la langue d'un pays.

L'analyse de l'architecture de l'Arche enseigne comment doit être construite une « langue » et son élément, le « mot », pour se situer dans un langage dénué de violence et de destruction.

Si nous reprenons le texte biblique patiemment et que nous l'analysons dans cette perspective, nous aurons déjà fait un grand pas en avant dans l'étude de l'intuition cabaliste et hassidique. Nous serons alors capables de pénétrer dans l'épaisseur de chaque mot et au cœur de chaque lettre hébraïque, qui est elle-même aussi constituée de mots[26]. Le texte biblique (Genèse, 6, 14) dit : « Fais pour toi une *téva*. »

Rabbi Lévi Itshaq de Berditchev[27] explique qu'il y a deux sortes de rapports au langage, un rapport passif — utilisation d'une langue déjà existante à laquelle l'homme se soumet — et un rapport actif : « L'homme dirige les lettres. » L'homme, dans ce rapport actif, construit un nouveau langage qui lui donne une nouvelle vision du monde[28].

Opposition d'un *dire* et d'un *dit* au sens de Lévinas[29] ou de la *parole parlante*, *parole parlée* de Merleau-Ponty[30].

Faire la *téva*, c'est-à-dire modeler activement un langage qui parle, qui nous parle. Comme dit le Rabbi de Kotzk, il ne suffit pas de traverser le Talmud, il faut que celui-ci nous traverse aussi.

Poursuivons notre lecture de l'Arche de Noé en demeurant à l'écoute du Midrach. Dans le même verset (Exode, 6, 14), nous lisons : « [En forme] de nids tu feras la *téva*... »

Que vient faire la notion de « nid » dans ce contexte ? Quel rapport le langage, la parole entretiennent-ils avec les oiseaux ?

Le *Midrach Rabba*[31] est sensible à cette remarque et donne une interprétation qui appuie notre analyse. Le Midrach dit : « De la même façon que l'oiseau est expiation pour le lépreux, ainsi la *téva*... » (Les oiseaux ont une place centrale dans tout l'épisode du Déluge : le corbeau et la colombe annonceront la décrue des eaux.)

La cérémonie de purification du lépreux (Lévitique, 14) fait usage de deux oiseaux ; l'un est « sacrifié », le second, après avoir été trempé dans le sang du premier, est renvoyé libre à la surface du champ (14, 9).

Le Midrach dit : « Pourquoi la purification du lépreux dépend-elle de deux oiseaux purs ? La voix vient pour expier la voix[32]. »

Pour la tradition midrachique et talmudique, la lèpre, *tsaraat*, est une affection du corps conséquente du *lachon hara*, non pas « médisance » comme on le traduit populairement mais littéralement : « langue mauvaise », mauvais rapport au langage, distorsion de notre inscription dans les mots.

Le Midrach conserve cette idée en faisant dériver le mot *métsora* (lépreux) d'une contraction de l'expression *motsi chem ra*, c'est-à-dire « celui qui fait sortir un nom mauvais »... Cette expression désigne celui qui enferme l'autre dans un nom ou une catégorie non viable *(ra)*, qui lui attribue d'emblée une idée définitive pour mieux le maîtriser, le saisir et le comprendre. Violence qui consiste à croire que l'homme est une catégorie parmi d'autres, un objet manipulable et saisissable à volonté.

Violence qui s'exerce contre les autres, mais aussi contre soi-même quand on a perdu la capacité éthique de l'invention de soi.

Le Midrach donne encore une seconde explication : le lépreux est celui qui a perdu la notion de culpabilité et de responsabilité. L'oiseau, en hébreu *tsipor (tsadé-pé-vav-réch)*, par son chant, vient réparer cette situation. Le mot *tsipor* se lit aussi *tsérouf*, qui signifie : combinaison des lettres d'un mot pour produire d'autres mots, et ainsi libérer et ouvrir les éléments d'une structure afin de ménager la possibilité d'existence à d'autres modalités de formes.

Mais le *tsipor*, l'oiseau, a une signification encore plus essentielle ; il est la métaphore même du rapport du langage et du réel, le fait de réussir à introduire dans la matière du monde une parole qui la fasse vivre et la mette en mouvement [33].

Le mot *tsipor* se compose en effet du mot *tsour*, « rocher », et *pé*, « bouche » : littéralement, un oiseau « hébraïque » est une « bouche » à l'intérieur d'un « rocher »...

Idée fondamentale de toute la pensée cabaliste ; inscrire le langage dans le réel du monde, jusqu'à, alliance primordiale, marquer les mots dans le corps ; c'est précisément le sens de la circoncision, *mila* en hébreu, qui signifie « mot », synonyme de *téva*.

Pour la pensée cabaliste et hassidique, tous les mots trouvent leur origine et leur pouvoir de signifier dans le mot des mots : le Nom de Dieu.

L'oiseau, dans le sens de « bouche dans le rocher », est d'une certaine manière un paradigme de la structure du rite qui consiste à retrouver les Noms divins entrelacés dans le réel du monde pour donner aux gestes et paroles rituels une dimension en rapport avec l'infini.

Le lieu de l'expérience du rite est la « terre d'Israël » : on découvre cette idée *a contrario*, par le biais de deux événements importants du récit biblique. Moïse ne foule pas le sol d'Israël à cause d'une seule faute qu'il a commise : il frappe le rocher au lieu de lui parler. Nous découvrons un aspect nouveau de la personnalité de Moïse, qui n'est pas étranger au fait que lui aussi soit le seul, avec Noé, à avoir séjourné dans une *téva*.

La grandeur de Moïse est en même temps une « faiblesse » : son monde n'est pas le réel quotidien. Ses mots n'adhérent pas à la réalité. Chaque parole est pour lui une souffrance, comme un échec entre les mots et les choses ; langage qui ne désigne ni ne montre. D'où une anomalie de la parole que la vision populaire a fait passer pour du bégaiement.

Cette radicale impossibilité pour Moïse d'inscrire les mots, les noms/le Nom divin dans le réel explique ce passage étonnant où il ne parvient pas à effectuer la circoncision de son second fils Éliézer (Exode, 4, 24-26).

Humour formidable du texte qui situe l'action dans un *malone*, mot qui veut dire en même temps « auberge » et « dictionnaire[34] » ou encore « lieu de circoncision »...

Moïse, « l'incirconcis des lèvres », *arel séfataïm*, se trouve en chemin dans une « auberge-dictionnaire-lieu de circoncision », et Dieu le frappe et désire le faire mourir. Coup de théâtre ! C'est Tsipora, la femme de Moïse, qui prend un morceau de roche, *tsour*, et qui pratique la circoncision d'Éliézer.

Tsipora ! Celle dont le nom signifie précisément l'oiselle et dont les lettres de son nom écrivent *pé* dans le *tsour*, « la parole de la bouche dans le rocher »...

Moïse n'entrera pas en terre d'Israël, car, jamais, il n'a réussi à « redescendre » au niveau des humains et d'une réalité mondaine devant nécessairement être traversée par une « parole-nom ».

Moïse, en hébreu Moché, *mem-chin-hé*, s'écrit de trois lettres qui écrivent le mot « nom ». Moïse est le nom. Sa venue au monde passe par la *téva*. Il entre dans le mot ; il sera sauvé pour jouer un rôle politique important et guider le peuple, mais son incirconcision des lèvres, qui indique peut-être un manque de vide dans le langage, ne lui permettra jamais de faire l'expérience de la terre.

Un passage parallèle du récit biblique confirme notre analyse. Le chapitre 13 du livre des Nombres raconte l'épisode des explorateurs ; Moïse envoie douze explorateurs « ausculter » le pays d'Israël avant d'y entrer. Tous reviennent avec une description grandiloquente : tout y est grand, les fruits de la terre et des hommes. Les explorateurs inspirent l'angoisse et le désespoir au cœur des enfants d'Israël. Toute la génération du désert va mourir dans le désert, lentement, pendant quarante ans. Mort causée par la faute des explorateurs.

Mais quelle faute ? D'avoir dit la vérité sur la situation de la terre ? Non ! D'avoir laissé croire qu'une situation est définitive et qu'on ne peut rien y changer. D'avoir perçu et offert le monde en termes d'une logique d'identité, en oubliant la dimension de la vie comme devenir, altération et altérité.

La faute des explorateurs est d'avoir oublié que l'existence est un « combat » contre l'être donné pour créer des situations en devenir : plasticité fondamentale de l'être. Là est le sens même du nom d'Israël que Jacob acquiert lors de son combat avec l'homme (Genèse, 32) : « Ton nom ne sera plus Jacob, mais Israël car tu as combattu avec Dieu et avec les hommes… »

Être, pour l'homme, c'est être en train d'être.

La vision cabaliste et hassidique pense la possibilité de ce devenir incessant, dans la manière de vivre le langage dans son rapport au réel du monde. Les mots ne sont pas que des outils de désignation qui ne donnent accès qu'aux choses ; ils sont aussi la vie des choses et notre vie dans les choses, si nous savons entendre les vibrations de la vie qui traversent la matière.

Cette vibration de la vie est pour les cabalistes le Nom de Dieu lui-même, le Tétragramme, formé de quatre consonnes sans voyelles, qui s'inscrit dans la matière du monde et dont le rite consiste à en retrouver l'existence.

Ce commentaire permet de saisir le sens d'un rite paradigmatique qui se présente dans le texte biblique comme *tiqoun*, c'est-à-dire « réparation », de la faute des explorateurs. Au chapitre 15, verset 37 du livre des Nombres [35], Dieu s'adresse à Moïse en ces termes :

> « Parle aux enfants d'Israël et vous ferez pour vous un *tsitsit* [franges] sur les ailes de vos vêtements[36] pour les générations.
>
> Et vous mettrez sur le *tsitsit* de l'aile un fil de couleur azur.
>
> Et ce sera pour vous comme *tsitsit* et vous le verrez et vous vous souviendrez de toutes les *mitsvot* [pratiques rituelles ou lois sociales] de Dieu Y-h-v-h et vous les ferez et vous ne vous détournerez pas après vos cœurs et après vos yeux par lesquels vous vous détournez.
>
> Afin que vous vous souveniez et que vous fassiez toutes les *mitsvot*, que vous soyez saints pour votre Dieu-Elohim.
>
> Je suis le Nom-Y-h-v-h votre Elohim qui vous a fait sortir du pays d'Égypte pour être pour vous pour Dieu, je suis le Nom-Y-h-v-h votre Dieu Elohim. »

Ce texte constitue la troisième partie du texte le plus connu de la tradition juive, appelé le *Chema Israël*, qui se compose des trois passages suivants : Deutéronome, 6, 4-9; Deutéronome, 11, 13-21 et Nombres, 15, 37-41.

De ce texte du livre des Nombres, nous apprenons la *mitsva* de *tsitsit* : rite qui consiste à porter un vêtement à quatre coins nommé *talit*[37] sur lesquels sont accrochés des fils noués de telle façon que le nombre de nœuds et de tours corresponde numériquement au Nom de Dieu.

Rite exemplaire qui est l'inscription de la « parole dans le rocher », l'oiseau, inscription du Nom dans la matière (du vêtement). Dans le texte, l'oiseau n'est pas oublié. Une allusion y est faite dans le mot « coin », qui se dit ici *kanaf* et qui signifie aussi « aile d'oiseau ».

Le texte énonce précisément que ce rite permet de se souvenir de toutes les *mitsvot*, de tous les autres rites car nous avons ici un cas particulièrement clair du sens du rite : voir dans le réel du monde les vibrations du Nom.

On comprend ainsi un texte du Talmud qui dit que le rite du *tsitsit* équivaut à toutes les autres *mitsvot* de la Tora (*Ménahot*, 43b, *Nédarim*, 25a et *Chevouot*, 29a). Cela ne veut pas dire qu'il suffit de porter un *talit* pour s'acquitter de tous les autres rites mais, enseignement des plus fondamentaux, cela signifie que l'analyse du rite du *talit-tsitsit* nous enseigne le sens général, la structure nodale, de tous les rites.

Rachi commente ainsi : la valeur numérique *(guématria)* du mot *tsitsit* est de 600 (*tsadé-yod-tsadé-yod-tav* = 90 + 10 + 90 + 10 + 400). Il faut compter les 5 nœuds et les 8 fils, cela fait en tout 613, qui est le nombre total de *mitsvot* — 365 négatives et 248 positives.

Que veut enseigner Rachi ? Lui, le rationaliste, commentant le Talmud linéairement et selon le sens littéral, commencerait-il aussi à « délirer » ? Qu'a-t-il besoin d'apporter une valeur numérique, qui d'ailleurs n'explique rien mais ne fait que renforcer la remarque du Talmud ? Il redit, d'une autre façon, l'équivalence des *tsitsit* avec toutes les autres *mitsvot* !

En fait, son commentaire ne réside pas dans l'équivalence numérique mais dans la nécessité, pour produire cette *guématria*, de compter la valeur numérique des mots, des nœuds et des fils (600 du mot, 13 des nœuds et des fils) ; nécessité de mélanger, pour le sens du rite, la matière des mots et la matière des choses. L'enlacement de la matière et du « mot-Nom-de-Dieu » est le sens même de tout rite hébraïque.

En accomplissant un geste rituel, le juif crée cette jonction du réel et du langage et « se branche » sur l'infini du Nom, qui n'est pas seulement un mot mais l'énergie même du langage et de la parole.

Cette intrication de la chose et du Nom est partie d'une métaphore spécifique, celle de l'oiseau. Nous découvrons là un outil méthodologique d'une importance capitale : à chaque fois que nous rencontrerons l'idée de l'oiseau, il sera question des aventures du rite, de ses difficultés, des ses échecs, distorsions, perversions ou assomptions réussies.

CHAPITRE VIII

Une mystique des lettres en mouvement

Les chapitres précédents nous ont bien fait comprendre la nécessité d'un langage en mouvement permettant à « l'homme de parole » de se maintenir dans le flux ininterrompu de l'être. Les cabalistes et les maîtres du hassidisme ont pris cette idée dans son acception la plus concrète et ont développé un ensemble de systèmes qui mettent le langage en mouvement.

Pour la tradition cabaliste et hassidique, la matière du monde repose sur la structure de l'alphabet hébraïque.

La langue hébraïque est une langue d'adhérence directe à la matière, à l'espace et au temps. Ses mots, ses sons, la matérialité des formes de ses lettres épousent les contours et les rythmes du monde et de la création.

L'hébreu est la géographie (écriture de la terre) et la géométrie (mesure de la terre) du créé.

L'hébreu se lit dans les reliefs mêmes de la matière, chaque objet en est un son ; une lettre, un terme, semblable au caractère massif de la graphie de l'hébreu, de ses racines, de son épaisseur abrupte et lourde de sens.

Comme l'enseigne le *Sepher yetsira* (le *Livre de la formation*) : « Par 32 voies le monde a été créé, par 10 nombres primordiaux et 22 lettres fondamentales. »

Le *Sepher yetsira* étudie ensuite en détail le rapport entre les lettres et le corps, ce que nous analyserons plus loin.

Rabbi Abraham Aboulafia, dont nous avons parlé plus haut, a mis en place un système de méditation fondé sur l'alphabet hébraïque.

Chaque homme possède un potentiel qui lui permet de parvenir à des niveaux de conscience élevés, proches parfois de la prophétie. Pour Aboulafia, les lettres de l'alphabet hébraïque sont une voie royale vers la source sacrée qui est en nous, et permettent de s'élever jusqu'au monde de la transcendance.

Le noyau de la langue hébraïque est le Tétragramme YHVH duquel découlent tous les autres noms et mots.

Chez les maîtres du hassidisme, la méditation cabaliste est reprise et transmise de façon secrète de maître à disciple. C'est là une des raisons de son apparente inexistence. Cette technique de méditation, qui n'est pas sans rappeler certaines techniques du yoga, fait intervenir, comme nous allons le voir, des postures du corps, des techniques de respiration, de visualisation et de cantilation. Avant d'exposer ces techniques, il nous faut d'abord comprendre la structure profonde de la langue hébraïque et du Tétragramme YHVH qui est la base des exercices que nous allons proposer.

Au commencement était le point...

Dans la lecture cabaliste, avant le jeu de mots, avant l'utilisation de la polysémie et de l'énergie sémantique, il y a la forme des lettres : une vision graphique, picturale de l'alphabet.

Qu'est-ce qu'une lettre de l'alphabet ?

C'est d'abord un signe qui désigne un certain son — en linguistique, on dirait un phonème. Un ensemble organisé de signes phonématiques constitue un mot, lequel a aussi son équivalent sonore global, sa prononciation.

La lettre est créée par l'homme en vue d'une certaine fin, celle de construire à l'aide d'autres lettres les mots du langage, lesquels servent à leur tour de véhicules à des significations idéales telles que « chat », « porte », « cercle », etc.

Mais il est possible de ne plus tenir aucun compte de cette finalité de la lettre, de ne plus l'envisager comme une lettre mais, au contraire, comme *une simple forme*, un certain graphisme composé de divers segments d'orientations variées.

Lorsque la finalité langagière de la lettre disparaît, qu'elle est mise de côté, celle-ci n'est plus une lettre, elle devient une forme graphique.

Un événement décisif se produit alors. En présence de cette lettre qui vient d'être dessaisie de sa fonction de lettre, qui est celle d'appartenir au système du langage, le spectateur éprouve un sentiment nouveau, différent de celui qui était le sien devant la lettre ordinaire.

L'émergence d'une forme inconnue, celle de la lettre sans doute, mais qui n'avait jamais été perçue dans sa pureté et dans son autonomie formelle, provoque de nouvelles impressions, voire de nouvelles émotions. Et cela est vrai aussi bien de la forme globale de la lettre que des segments linéaires qui la composent. Il y a un travail de déconstruction de type phénoménologique au sens où il faut retrouver, sous la sédimentation du sens habituel qui a émoussé le regard, le sens vivant, une tonalité forte et profonde.

Mais le cabaliste et le maître du Midrach ou du Talmud ne pensent pas que leur lecture désignifiante conduise à la pureté du sens, le seul et vrai sens. L'événement affectif qui est dévoilé, la nouvelle tonalité des choses, est encore une interprétation, rien qu'une interprétation.

Même si certains cabalistes ont pu, par cette désignification, ou *Tsimtsoum* de l'esprit, sentir et entendre en eux le bruissement de l'absolu, qui ne soit pas à nouveau une forme particulière et repérable du monde, c'est encore dans une subjectivité radicale que toutes ces nouvelles tonalités apparaissent.

Le *aleph* n'est pas bleu pour tout le monde, et le *rèch* ou le *yod* ne sont pas en eux-mêmes plus gais ou plus tristes que d'autres lettres. Là encore, ce sont l'expérience et les motivations situationnelles qui sont aux sources des interprétations.

Nous voulons indiquer par ces remarques qu'un moment essentiel de l'expérience de la lecture cabaliste passe par une déformation, une rupture de la perception classique, qui provoque une impression d'étrangeté, d'inquiétude, peut-être de malaise.

Mais il n'y a pas accès à un sens qui se trouverait déjà

là sous la couche sédimentée du sens. Il s'agit de reconstruire de nouveaux sens, de dévoiler de nouvelles tonalités qui échappent aux significations stéréotypées et affaiblies du monde du quotidien. Il n'y a donc pas pour nous de grille préfabriquée des interprétations des formes graphiques. Ce qui signifie que les interprétations que l'on peut trouver chez tel ou tel cabaliste ou que nous pouvons donner nous-mêmes ne sont que des interprétations qui ne prétendent à aucune validité universelle et absolue.

Rabbi Ichaya Horowitz explique, dans son livre *Chené louhot haberit*[38] *(Les Deux Tables de l'Alliance)*, le processus de la création du monde dans son rapport avec les lettres de l'alphabet hébraïque et en particulier avec celles du tétragramme : *yod-hé-vav-hé*.

Au commencement, il y a la *beriya*, c'est-à-dire littéralement la création qui est le passage du néant absolu à l'être, le passage du *Ayim* au *Yèch*, constituant la matière première de l'univers qu'on nomme en hébreu biblique le *Tohou*, et en langage du Midrach *évène chetiya*, c'est-à-dire la « pierre de fondement ». Il précise aussi qu'en hébreu philosophique issu du grec cette matière première se dit *héyouli*, c'est-à-dire la matière hylétique.

Cette matière première, élément infinitésimal de la matière, c'est le point.

La création — *beriya* — désigne la naissance de ce point de matière qui fut perçu dans l'Antiquité comme ce qui ne peut être réduit à un élément plus petit et fut nommé atome (du grec : in-sécable).

Si nous utilisions la physique comme métaphore pour décrire la création du monde, il faudrait dire que ce point de matière est la particule de matière la plus petite découverte à ce jour qui a reçu le nom de « quark », d'après une mystérieuse citation de James Joyce.

« Au commencement, donc, était le point... » Passage du non-être visible à l'être visible, seuil, frontière, l'infinitésimale émergence de l'être.

Il ne faut pas comprendre le point dans une perspective statique mais comme le résultat dynamique et équilibré d'un ensemble de forces contradictoires : forces de rétention et de concentration et force d'expansion.

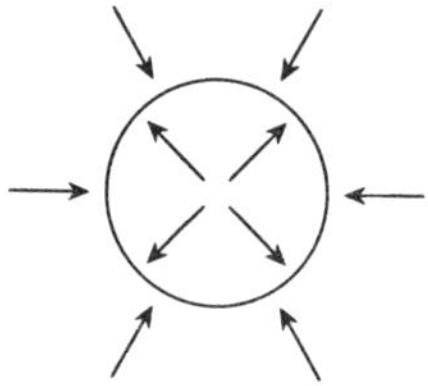

Les métamorphoses du point

La seconde phase de la création se nomme *yetsira* : la « formation ». Ce sont les métamorphoses infinies du point en fonction du jeu des forces qui entrent en scène.

Pour les maîtres de la Cabale, la première transfiguration du point est une *ligne verticale* dont la naissance supporte plusieurs explications possibles.

— Soit une force interne au point est devenue supérieure à une force externe, ce qui rend possible l'expansion du point :

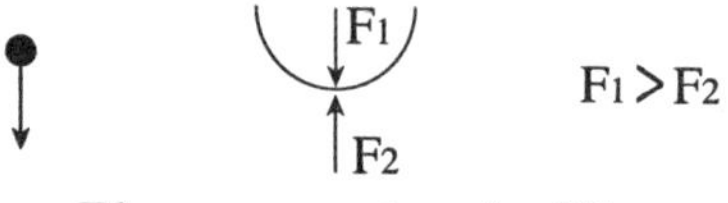

— Soit la force F2 auparavant en équilibre avec F1 disparaît pour diverses raisons, le point peut alors s'étendre :

— Soit on considère que la définition de la ligne est un déplacement du point : la ligne est alors le résultat d'un « combat » entre les forces du point et d'autres forces qui réussissent à le déplacer. Dans notre cas, il s'agit de forces supérieures, qui viennent d'en haut :

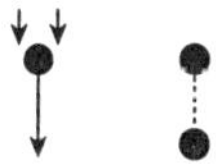

déplacement du point

Dans le cadre de cette troisième hypothèse une ou deux forces peuvent intervenir. La forme particulière de la ligne en sera le résultat.

— La forme produite par une force unique agissant de manière constante sur le point est une ligne qui se poursuit indéfiniment dans la même direction, c'est-à-dire une droite. Le mouvement résulte de ce qu'une forme a submergé la tension concentrique du point de façon à le déplacer indéfiniment dans une direction constante.

— Dans le second cas, la forme linéaire résulte de l'action conjointe de deux forces. Cette situation se dédouble elle-même selon que l'intervention des deux forces est simultanée ou successive.

L'action simultanée engendre la ligne courbe.

L'action successive engendre la ligne angulaire ou brisée.

L'inflexion de la courbe dépendra de la puissance de l'action s'exerçant latéralement dans sa relation à la force qui, agissant seule sur le point, produirait une droite.

De la même manière, la longueur de chacun des segments composant une ligne brisée est tributaire du temps selon lequel chacune des forces agit, tandis que la nature de l'angle qui vient modifier brutalement la trajectoire est l'effet de l'intensité de celle qui entre en jeu quand la première s'interrompt [39].

A cette ligne verticale, vient se surajouter la naissance d'une ligne horizontale selon le même processus, et ainsi naît le plan.

Ainsi ont été en place :

— le point ;

— la ligne (verticale) ;

— le plan.

CHAPITRE IX

La *Guématria*

Géométrie et énergie sémantique

Pour les maîtres de la Cabale, ces trois formes géométrique primordiales sont à l'origine de l'alphabet hébraïque.

Toutes les lettres seraient construites à partir d'une combinatoire du *point*, de la *ligne* et du *plan*, qui sont devenus les trois lettres fondamentales de l'alphabet, *yod*, *vav*, *dalèt*.

En effet, la lettre *yod* est un point, la lettre *vav* est une ligne verticale, et le *dalèt* est un plan.

Ainsi la première lettre de l'alphabet, *aleph*, est « la première lettre construite ». Elle se compose des trois lettres *yod-vav-dalèt*, la ligne du *vav* ayant été penchée vers la gauche. [Rappelons que l'hébreu s'écrit de droite à gauche contrairement au français par exemple.]

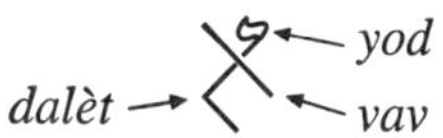

Par la suite, les lettres ont été stylisées, arrondies ou anguleuses selon les différentes traditions.

א

Chaque lettre a une forme graphique insonore. Les lettres appartiennent à la visibilité pure. Pour les énoncer, les nommer, il faut les déployer en utilisant d'autres lettres-consonnes et des voyelles.

Ainsi par exemple le א se voit mais ne se prononce pas.

Pour le nommer, il faut ajouter un *lamed* ל et un *phé* ף . On lira alors, d'un point de vue sonore : *alèph*. La voyelle est le « è ».

Certaines lettres ont un déploiement invariable, d'autres peuvent s'écrire de différentes façons.

Notons ainsi de façon essentielle que la lettre *yod*, c'est-à-dire le point, se déploie en

yod-vav-dalèt

c'est-à-dire en *point-ligne-plan*.

Cette approche géométrique de l'alphabet est ce qui s'appelle proprement dit la *guématria*, terme hébraïque venant du grec et signifiant géométrie. Ce n'est qu'ultérieurement que le mot *guématria* a pris le sens d'équivalence numérique, rapport entre les chiffres et les lettres, que nous appellerons pour notre part « énergie sémantique » ou « poids sémantique ».

L'énergie sémantique

Chaque lettre hébraïque a une valeur numérique ou énergie sémantique qu'il faut connaître pour entrer dans la compréhension des textes hébraïques.

La numérotation alphabétique est de base décimale. Elle consiste à employer les 22 lettres-consonnes de l'alphabet en associant dans cet ordre :

— les neuf premières lettres aux neuf unités simples ;

— les neuf suivantes aux neuf dizaines ;

— les quatre dernières aux nombres 100, 200, 300 et 400.

Lettres hébraïques	Noms et transcriptions des lettres		Valeurs numériques
א	ALEPH	’a	1
ב	BÈT	b	2
ג	GUIMÈL	g	3
ד	DALÈT	d	4
ה	HÉ	h	5
ו	VAV	v	6
ז	ZAYIN	z	7
ח	HÈT	ḥ	8
ט	TÈT	ṭ	9
י	YOD	y	10
כ	KAF	k	20
ל	LAMÈD	l	30
מ	MÈM	m	40
נ	NOUN	n	50
ס	SAMÈKH	s	60
ע	ʿAYIN	ʿ	70
פ	PÉ	p	80
צ	TSADÉ	ts	90
ק	QOF	q	100
ר	RÈCH	r	200
ש	CHIN	ch	300
ת	TAV	t	400

L’« énergie sémantique »

Il y a cinq lettres finales qui ont les valeurs suivantes :
— *kaf* final = 500
— *mèm* final = 600
— *noun* final = 700
— *pé* final = 800
— *tsadé* final = 900

Il y a dans le langage hébraïque une sorte de vision pondérale des lettres : une lecture et même une voyelle ont un poids de signification. Des mots qui se composent des mêmes lettres, malgré un sens totalement différent, voire opposé, sont en rapport l'un avec l'autre. Ainsi le sel, *mélah*, est-il en rapport avec le rêve, *halom*, ces deux mots étant composés tous deux des mêmes trois lettres *mèm-hèt-lamèd*, dans un ordre différent : leur « énergie sémantique » est la même ; la différence de sens doit être recherchée dans l'ordre de succession des lettres.

Ce processus de combinatoire sur lequel nous allons revenir en détail se nomme le *tsérouf*.

Cette idée de « poids sémantique » permet de mieux comprendre la *guématria*. Celle-ci est une « énergie sémantique » résultant de la somme des lettres d'un même mot. Ainsi deux mots différents, qui n'ont pas du tout les mêmes lettres mais dont la valeur numérique est identique, ont-ils la même « énergie sémantique ».

Très souvent, le rite consiste à jouer sur l'énergie, non seulement au niveau des mots mais dans leur traduction dans le réel. Le rite, d'une certaine façon, inscrit le langage dans le réel, premier moment d'une finalité plus essentielle. Libérer la structure close du réel mondain par la liberté combinatoire des lettres dont il est porteur.

CHAPITRE X

Le Tétragramme

Approche géométrique

Les maîtres de la Cabale abordent le Tétragramme selon deux axes principaux, la *guématria*, c'est-à-dire la forme graphique des lettres, et l'énergie sémantique, à savoir la valeur numérique des lettres.

Les remarques des chapitres précédents nous permettent de mieux comprendre le sens du Tétragramme.

Il se compose de quatre consonnes sans voyelles : *yod-hé-vav-hé*

יהוה

que nous noterons Y-H-V-H.

D'où vient ce Nom[40] ?

Selon Rabbi Ichaya Horowitz, il est le résultat de l'histoire du point primordial et de ses métamorphoses.

Le « point-*yod* » devient « ligne-*vav* » et « plan-*dalèt* » : trois formes graphiques qui écrivent la lettre *yod* elle-même, dans son écriture déployée :

Le déploiement du point dans sa spécificité de lettre hébraïque nous invite à comprendre, ne serait-ce que de manière intuitive, par quelle voie et grâce à quelles médiations la simple spatialité se change en « l' » espace, l'espace pragmatique en espace « symbolique ». Car il y a une grande distance du vécu primaire d'espace à l'espace *formé*, condition de l'intuition des objets selon une modalité particulière. Il n'y a pas un espace en valeur absolue.

La simple spatialité devient « l' » espace par un investissement particulier de significations qui est propre à chaque culture. L'« ici » et le « là », le « haut » et le « bas » acquièrent des déterminations spécifiques qui, en retour, modèlent « l' » espace.

Ce rapport entre le Nom et l'espace hébraïque est formulé de façon très précise dans la Cabale chez un auteur comme Gikatilla[41], par exemple. La Tente du rendez-vous, le *Ohel Moëd* et, plus tard, le Temple de Salomon sont des espaces de réception du Nom. Ce qui est traduit : ce sont les Noms eux-mêmes qui constituent l'espace, les différents espaces du Temple.

Tracer le Nom, c'est partager un espace en différents lieux et construire « l' » espace particulier dans lequel la conscience va établir un point de vue déterminé sur le monde, un système spirituel de référence.

L'espace formé par le Nom fait signe d'abord vers une transcendance, un « là-bas » essentiel.

Gikatilla fait remarquer[42] cette dualité sémantique du mot *cham* qui signifie à la fois le « Nom » et le « là-bas ».

> « La racine du mot ''Nom'' [*Chèm*] vient du mot ''là-bas'' [*cham*]. A chaque fois qu'il y a ''Nom'' il y a ''là-bas'' et réciproquement[43]. »

Remarque essentielle en ce qui concerne la réflexion sur l'identité : le Nom confère une certaine identité à celui qui le porte. Dire que le « Nom » est le « là-bas » revient à envisager le paradoxe d'une identité qui se construit en se défaisant, dans une sorte de désidentification constante.

La première lettre du Tétragramme découpe ainsi la spatialité primaire en un espace particulier que la forme graphique des lettres qui en sont le déploiement nous invitent à découvrir. Le « point » primordial, dans sa concision extrême, dans sa tension concentrique, est la trace du retrait, du *Tsimtsoum* qui a créé un espace matriciel dans lequel le monde va pouvoir trouver naissance, espace matriciel qui est déjà en soi l'Autre du créateur. Cet espace d'altérité est tellement important que certains commentateurs de Rabbi Itshaq Louria, comme Rabbi Nahman de

Braslav, vont jusqu'à dire de façon éminemment audacieuse que l'espace vide laissé par le *Tsimtsoum* est un espace « vide de Dieu[44] ».

Le théologique est une contradiction ontologique en soi. Ainsi, parler de Dieu dans ce monde, c'est affirmer l'impossibilité de Sa présence. Le monde est le retrait radical de Dieu. Cependant...

Cependant, il faut affirmer en même temps l'« il y a » et l'« il n'y a pas » Dieu. Contradiction ontologique dont les tensions qui en résultent sont en grande partie sources créatrices de vie.

Le « point », comme présence paradoxale d'un être qui est à la fois présent et absent, est le lieu de cet affrontement de forces entre l'« être » et le « non-être » là. Être *et* ne pas être en même temps, là est la question sur laquelle repose le monde.

La grammaire hébraïque a conservé cette contradiction et interrogation que marque le point dans le *vav* par la double fonction grammaticale de cette lettre.

En effet, le *vav* est grammaticalement *vav hahibour*, conjonction de coordination, et *vav hahipoukh*, préfixe qui inverse la temporalité du verbe. Le *vav* mis devant un passé, le verbe devient futur, et inversement : mis devant un futur, le *vav* fait de celui-ci un passé. Cette mutation des temps est aussi un défi à la logique humaine pour qui le temps est linéaire et s'écoule irrémédiablement du présent vers le futur.

S'il fallait caractériser le *vav* en un mot, nous dirions qu'il désigne le *métaphysique*, dans le sens d'une relation entre le « créateur » et la « créature ».

La troisième phase est l'écriture du *dalèt* :

Une nouvelle dimension de « l' » espace apparaît ici. Après la relation *métaphysique*, qui est marquée par la verticalité du *vav*, une relation horizontale se dessine : celle de l'homme avec l'autre homme, que nous qualifierons, dans une terminologie empruntée à Lévinas, de relation *éthique*.

La lettre *dalèt* signifie en hébreu la porte, *délèt*. Remarque simple mais qui permettra, comme nous allons le voir, de comprendre de nombreux passages bibliques. Dans notre interprétation, cela signifie que « l'accès à » passe toujours par une double dimension : *métaphysique* et *éthique*.

Si nous traduisons ces données en langage hassidique, c'est-à-dire si nous les existentialisons et sortons ainsi de la sphère théologique, le « point » primordial devient le lieu même de l'humain, où nécessairement une porte s'ouvre sur une existence, à la fois vers le monde, Dieu et autrui.

CHAPITRE XI

La caverne de *Makhpela*

La mémoire ancestrale

Selon Rabbi Itshaq Louria, les deux lettres *hé* qui composent le Tétragramme sont deux lettres composées d'éléments différents[45]. Il nomme ce redoublement du *hé* la caverne de *Makhpéla*, nom qui signifie littéralement le redoublement de la lettre *hé*.

Le *hé* peut s'écrire de deux façons. Il est composé

— soit d'un *dalèt* et d'un *vav* :

— soit d'un *dalèt* et d'un *yod* :

Le Tétragramme serait ainsi le déploiement du *yod* : *yod-vav-dalèt*, dans deux formes différentes, dans deux combinaisons différentes.

Il y aurait ensuite : *yod-dalèt-vav*, et ensuite : *vav-dalèt-yod*.

Le point primordial deviendrait d'abord un *hé* composé d'un *dalèt* et d'un *vav*, on aurait ainsi la suite *yod-dalèt-vav* :

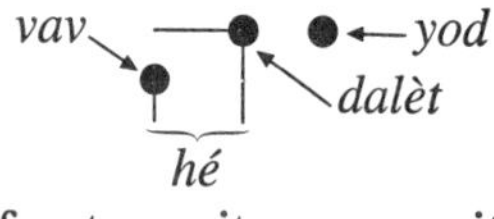

Puis le *yod* se fracturerait en une suite *vav-dalèt-yod* :

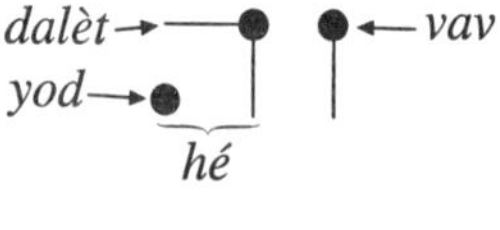

Le Tétragramme serait ainsi l'explosion du point en deux points qui seraient déployés sous deux formes opposées.

Le Tétragramme en mouvement part du point et retourne au point.

La Cabale ne réside pas dans la connaissance de ces données. Celle-ci peut être acquise comme un savoir. Et le savant n'est pas nécessairement cabaliste... La Cabale est une expérience et pas seulement une connaissance. Elle est au-delà de la connaissance...

Connaître la structure graphique du Tétragramme n'a de valeur que dans le dépassement de cette information par une expérience méditative ou active.

Le nom YHVH est donné comme visible pur, quatre consonnes sans voyelles : ineffable. Nom qui est fait pour être caché, comme dit le Talmud : Ne lis pas *léolam*, « à jamais », mais *léélem*, « pour le cacher[46] ».

Le Nom se retire en même temps qu'il se donne. Paradoxe essentiel qui affirme une relation à Dieu irréductible à la connaissance qui thématise, définit ou synthétise. Par ce retrait dans le silence, la révélation conserve la transcendance de ce qui se manifeste.

L'absence des voyelles, qui rend le Nom imprononçable, crée une distance infranchissable supprimant la possibilité de tenir Dieu pour un objet.

Le Tétragramme est encore un trou dans le langage, à partir duquel le langage lui-même prend sens.

Un Nom qui est écrit pour ne pas être énoncé selon ses propres lettres mais pour être commenté, traduit par d'autres lettres, d'autres Noms.

Lorsqu'un mot du langage renvoie à un sens ou à un objet, il fonctionne alors comme un outil. Lorsque le sens ou l'objet sont saisis par la pensée ou par la main, le mot qui y a conduit peut disparaître, il devient sans importance.

Le Nom Tétragramme ne renvoie à rien d'autre qu'à lui-même ; différent d'un nom propre qui renvoie à la personne qui le porte, le Tétragramme ne renvoie pas à une autre réalité qui serait Dieu.

Le Nom offre l'impensable. Voir le Nom de quatre lettres, c'est s'abîmer dans le néant du sens, pénétrer dans une néantisation du savoir, faire l'expérience du vide.

L'impensable se donne lui-même à penser comme l'impensable. Le vide est la source même du questionnement. Le Tétragramme est à la fois question et source de toutes les questions.

Quand nous avons essayé d'aborder le Nom par son graphisme, l'entreprise était fortement ambiguë.

Spatialiser le Nom de Dieu, lui donner une forme repérable, visible et, par là, dicible, conduit à se construire une idole non pas en pierre mais en mots. L'analyse du Nom par le graphisme doit donc viser à comprendre la construction du Nom à partir du point.

Mais nous avons bien dit :« Le point retourne au point. » Retour au degré zéro de l'expérience du sens. Le Nom de quatre lettres ne construit pas l'espace mais le déconstruit. Moment de déconstruction, de désignification nécessaire pour une autre construction, un autre investissement du sens.

CHAPITRE XII

L'énergie sémantique des variations du Tétragramme

Le rite juif est, pour les cabalistes, à chaque fois, une manière d'écrire le Nom dans la matière du monde, pour vivre dans l'espace du Nom.

Dans le chapitre qui précède nous avons voulu faire ressentir la manière dont les talmudistes, midrachistes et cabalistes vivaient le langage, comment, à la fois, ils le marquaient, le gravaient dans les objets du monde et comment ils libéraient le langage par une succession d'éclatements jusqu'à la découverte du « point » primordial.

Dans ce parcours, on a d'abord mis en relief le point de vue sémantique : un mot a un sens par l'ensemble des lettres qui le composent. La coupure, l'« éclatement » du mot en deux mots ou les combinaisons des lettres entre elles forment les sources de nouveaux mots ou expressions[47].

Dans un deuxième temps, nous avons relevé dans les lettres et, en particulier, dans celles du Nom divin une possibilité d'une lecture graphique qui abstrait le sens sémantique pour ne retenir que le découpage d'un espace et les métamorphoses de formes telles que le point, la ligne ou la surface.

Faisons remarquer immédiatement qu'aucune lecture n'est exclusive et qu'il est possible de les utiliser ensemble ou séparément.

Dans le chemin de l'« éclatement », il s'est avéré très vite que les niveaux sémantique et graphique n'offraient pas encore suffisamment d'ouverture. Ainsi les maîtres de la pensée hébraïque ont-ils fait appel à une troisième voie pour poursuivre la cassure nécessaire qui introduirait au plus près de l'infini.

Cette troisième voie est la plus connue, nous y avons déjà eu recours dans ces pages. Il s'agit de la « valeur numérique » que nous préférons appeler « énergie sémantique ».

Le Nom Tétragramme va se déployer en quatre Noms qui seront chacun une modalité différente de la perception du divin par l'homme, une expérience différente de la transcendance[48].

Pour comprendre ces quatre Noms, leur constitution, il faut ajouter quelques précisions sur la manière dont les lettres hébraïques s'écrivent.

Chaque lettre a une forme graphique insonore. Les lettres appartiennent à la visibilité pure. Pour les énoncer, les nommer, il faut les déployer en utilisant d'autres lettres-consonnes et des voyelles.

Ainsi par exemple le א se voit mais ne se prononce pas. Pour le nommer, il faut ajouter un *lamed* ל et un *phé* ף. On lira alors, d'un point de vue sonore : *aleph*. La voyelle est le « e ».

Certaines lettres ont un déploiement invariable, d'autres peuvent s'écrire de différentes façons.

En ce qui concerne le Tétragramme, il se compose de quatre lettres-consonnes, dont deux identiques : le *hé*. Il y a donc trois lettres-consonnes différentes : le *yod*, le *hé*, le *vav*.

Le *yod* est un invariable, il s'écrit toujours : *yod-vav-dalèt*.

Le *hé* peut s'écrire de trois façons :
— *hé-yod* (indice *yod*) ;
— *hé-aleph* (indice *aleph*) ;
— *hé-hé* (doublée).

De même, le *vav* peut s'écrire de trois façons :
— *vav-yod-vav* (indice *yod*) ;
— *vav-aleph-vav* (indice *aleph*) ;
— *vav-vav* (doublée).

A partir de ces variations, les cabalistes et, en particulier, l'école de Safed, avec Rabbi Itshaq Louria et ses élèves, ont retenu officiellement quatre Noms[49].

Dans les différentes analyses qui vont suivre, intervient aussi la valeur numérique[50] de chaque lettre.

Le premier Nom, dit « Chem av[51] *»*

Le premier Nom est le déploiement du Tétragramme en utilisant les lettres dans leur écriture « indice *yod* ». Ce qui donne :

yod : yod-vav-dalèt *hé : hé-yod* *vav : vav-yod-vav* *hé : hé-yod*	10 lettres

La valeur numérique de ce Nom est :

$$\begin{array}{rcl} 10 + 6 + 4 &=& 20 \\ 5 + 10 &=& 15 \\ 6 + 10 + 6 &=& 22 \\ 5 + 10 &=& 15 \\ \hline \text{Total} && 72 \end{array}$$

Le Nom se compose de 10 lettres dans son déploiement et a une valeur numérique totale de 72.

72 se dit en hébreu *ayin-bèt* ou *av*, d'où l'expression : Nom de *av* ou *Chem av*.

Le deuxième Nom, dit « Chem sag »

Le deuxième Nom est le déploiement du Tétragramme en utilisant le *hé* dans son écriture « indice *yod* » et le *vav* dans son écriture « indice *aleph* ».

yod : yod-vav-dalèt *hé : hé-yod* *vav : vav-aleph-vav* *hé : hé-yod*	10 lettres

La valeur numérique de ce Nom est :

$$\begin{array}{rcl} 10 + 6 + 4 &=& 20 \\ 5 + 10 &=& 15 \\ 6 + 1 + 6 &=& 13 \\ 5 + 10 &=& 15 \\ \hline \text{Total} && 63 \end{array}$$

Ce Nom se compose de 10 lettres et a une valeur numérique de 63, en hébreu *samekh-guimel* ou *sag*, d'où l'expression *Chem sag*.

Le troisième Nom, dit « Chem ma[52] *»*

Le troisième Nom est un déploiement du Tétragramme qui utilise les lettres dans leur « indice *aleph* ».

yod : yod-vav-dalèt *hé : hé-aleph* *vav : vav-aleph-vav* *hé : hé-aleph*	10 lettres

La valeur numérique de ce Nom est :

10	+	6	+	4	=	20
5	+	1			=	6
6	+	1	+	6	=	13
5	+	1			=	6
Total						45

Le Nom se compose de 14 lettres et a une valeur numérique de 45, en hébreu *mèm-hé* ou *ma*, d'où l'expression *Chem ma*.

Le quatrième Nom, dit « Chem ben[53] *».*

Le quatrième Nom est le déploiement du Tétragramme qui utilise les lettres dans leur indice « doublé », ce qui donne :

yod : yod-vav-dalèt *hé : hé-hé* *vav : vav-vav* *hé : hé-hé*	9 lettres

Il a une valeur numérique de :

10 + 6 + 4	=	20
5 + 5	=	10
6 + 6	=	12
5 + 5	=	10
Total		52

Ce Nom se compose de 9 lettres seulement et a une valeur numérique de 52, en hébreu : *noun-bèt*, qui se dit *nav* ou *ben*, d'où l'expression *Chem ben*.

CHAPITRE XIII

Le voyage des Noms

L'expérience mystique est fondée sur un rapport au langage, aux lettres hébraïques, en tant que langue en mouvement, littéral véhicule de l'être. Comme nous avons dit plus haut, il faut un « langage en mouvement » pour un « homme en mouvement ».

L'alphabet est la série des 22 consonnes *aleph-bét-guimel*, etc. Si nous mettons l'alphabet en mouvement, chaque lettre devient la lettre suivante. Ainsi *aleph* devient *bét*, *bét* devient *guimel*, etc.

Quand nous appliquons ce procédé au Tétragramme :
— le *yod* devient *kaf*;
— le *hé* devient *vav*;
— le *vav* devient *zayin*;
— le *hé* devient *vav*.

YHVH → KVZV.

Le KVZV peut se prononcer *kouzou* — le *vav*, utilisé comme voyelle *chourouq*, se prononçant « ou ».

Bien que ce nom ne soit pas connu, il est peut-être l'un des plus répandus dans la pratique du judaïsme car il apparaît au cœur du rite juif de la *mézouza* qui consiste à poser sur le côté droit de chaque porte importante de la maison un parchemin [54] sur lequel sont écrits les deux premiers passages du *Chema Israël* [55]. Lorsque le parchemin est roulé avec l'écriture à l'intérieur, deux Noms doivent être écrits à l'extérieur. Un à l'endroit et l'autre à l'envers, de telle sorte qu'il faille retourner le parchemin pour pouvoir le lire. Le Nom à l'endroit est *Chadaï* [56] et le Nom à l'envers est *kouzou bemoukhsaz kouzou* [57].

L'ensemble du parchemin se nomme la *mézouza*, mot

qui vient de la racine *lazouz*, qui signifie « bouger, se mettre en mouvement ».

Expérience fondamentale du chemin, que l'homme doit marquer à la porte de la maison pour qu'il n'oublie pas que le chemin l'attend encore, malgré son installation à l'intérieur de quatre murs [58]. Le mouvement et le chemin ne sont pas inscrits dans le mot *mézouza* seul, mais dans cette écriture en mouvement qui est requise par le Nom *kouzou*.

Selon Gikatilla, le *kouzou* est un commentaire de la phrase « Écoute Israël YHVH notre Dieu, YHVH est Un ».

Il dit :

> « A chaque fois que l'on trouve le Tétragramme, cela veut dire le Tétragramme est Un [YHVH EHAD], et ceci est le secret du Char céleste [*sod maassé merkava*]. Le Tétragramme dans l'action du char est *kouzou*. Et le secret de *kouzou* est YHVH EHAD, Dieu est un. »

Deux notions importantes apparaissent dans ce texte. Tout d'abord une explication nouvelle et originale du Char céleste. Le mot *merkava* serait dérivé de la racine *leharkiv*, qui signifie faire chevaucher. Comme en français, faire se chevaucher deux lettres, deux mots ; greffer. Le processus des lettres en mouvement procéderait de la *merkava*, ou, inversement, la *merkava* serait le langage en mouvement.

Deuxièmement, les deux mots YHVH EHAD ont la même valeur numérique que le mot KOUZOU :

YHVH = 26, EHAD = 13, KOUZOU = 39.

Le Dieu Un est le Dieu Tétragramme dont les lettres se déplacent :

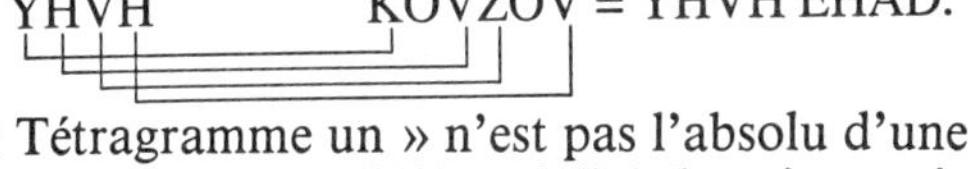

Le « Tétragramme un » n'est pas l'absolu d'une identité immobile mais la différentialité de soi en soi.

L'« unicité du Nom » est la possibilité de l'écart interne qui produit la vie elle-même. Même Dieu dans son unicité n'est pas l'identité. Ce que résume Gikatilla : « Dieu veut dire : Dieu est Un veut dire : le Nom en mouvement [59]. »

YHVH = YHVH EHAD = KOUZOU.

C'est cette idée fondamentale du langage en mouvement qui donne naissance, dans la Cabale, à un ensemble de processus de déploiements du Nom et d'analyse de leurs valeurs numériques ou énergies sémantiques. Nous allons étudier ici les déploiements principaux du Nom Tétragramme. Il faut encore préciser que le fait de posséder un savoir sur ces différentes techniques ne suffit pas à se tenir pour cabaliste...

L'objectif de ces déploiements est de guider diverses expériences de méditation ou d'indiquer, à chaque fois, le sens des forces qui sont en jeu dans tel ou tel phénomène.

CHAPITRE XIV

Les deux Noms

Commentant le verset 15 du troisième chapitre de l'Exode, « Ceci est mon Nom pour toujours et ceci est ma mention pour les générations », le Talmud explique que le Nom, c'est le Tétragramme YHVH que nous appellerons *Chem-Havaya*[60], et que la mention du Nom est le Nom du Nom, que nous appelons *Chem-Adnout*, et qui s'écrit *aleph-dalèt-noun-yod*.

Le Nom est, dans sa dualité, porteur en miniature de la dualité Tora écrite et Tora orale[61].

Il y a le Nom écrit ineffable : YHVH *(Chem-Havaya)*.

Il y a le Nom dit, qui s'écrit ADNY *(Chem-Adnout)*.

L'énergie sémantique du *Chem-Havaya* (YHVH) est de 26 :

yod = 10
hé = 5
vav = 6
hé = 5

} 10 + 5 + 6 + 5 = 26.

Le *Chem-Adnout* est appelé le « Palais du Nom » *(Hékhal)*. Il a une valeur numérique de 65[62] : *aleph-dalèt-noun-yod* : 1 + 4 + 50 + 10.

Le verset 20 du chapitre 2 du prophète Habacuq en donne un indice d'une étonnante clarté[63].

Il est dit : « Et YHVH dans le palais *(Hékhal)* de Sa sainteté, silence devant Lui, toute la terre. »

En hébreu, l'expression « silence devant lui » se dit : *has mipanav*. Le silence — *has* — s'écrit *hé-samékh* et a une valeur numérique de 65[64], tout comme le mot *hékhal* (*hé-yod-kof-lamed* : 5 + 10 + 20 + 30).

Ce verset de Habacuq est une véritable équation cabaliste qui se lit ainsi : YHVH dans le *Hékhal*, dont la valeur numérique est de 65 (qui correspond au *Chem Adnout*).

Il existe en fait un troisième nom très usité qui est ELOHIM dont l'énergie sémantique est 86 :

aleph	=	1	
lamed	=	30	
hé	=	5	1 + 30 + 5 + 10 + 40 = 86.
yod	=	10	
mèm	=	40	

CHAPITRE XV

Le *Tsérouf* : l'art de la combinaison

Une des méthodes les plus importantes utilisées pendant la méditation est la combinaison des lettres d'un mot ou d'un nom divin, ou encore d'un ensemble de mots ou de noms.

L'origine de cette méthode se trouve dans le *Sepher yetsira*, le *Livre de la formation.*

Les 22 lettres de l'alphabet sont divisées en trois catégories :

— trois lettres principales ou mères ;
— sept lettres doubles ;
— deux lettres simples.

> « Les 22 lettres, il les a tracées, taillées, multipliées, pesées et permutées, et il en a formé toutes les créatures et tout ce qui a été créé.
>
> Et de quelle façon les a-t-il multipliées ?
> *Aleph* avec toutes
> toutes avec *Aleph*
> *Bèt* avec toutes
> toutes avec *Bèt.*
> *Guimèl* avec toutes
> toutes avec *Guimèl...*
>
> Toutes tournent en cercle : sortant ainsi par deux cent trente et une portes. Toutes les paroles sortent sous un même nom. »

Si l'on combine chaque lettre avec toutes les autres, cela donne 22 lettres multipliées par 22 = 484. On soustrait 22 combinaisons où les deux lettres sont identiques (*aleph-aleph, bèt-bèt...*), ce qui donne 462.

Dans ces 462 combinaisons, la moitié est la répétition des combinaisons déjà restantes : par exemple *aleph-bèt* et *bèt-aleph*.

Il reste donc 231 combinaisons vraiment originales.

Certains commentaires expliquent le nom d'Israël de cette façon : Israël se lit *yech raal*, c'est-à-dire « il y a 231 ». Le nom d'Israël serait lié à la combinaison des lettres.

Une autre Michna du *Sepher yetsira* enseigne :

> « Les 12 lettres simples avec les autres lettres, le créateur les a trouvées, découpées, multipliées, opposées, interverties. Et quelle est la façon de les permuter et de les multiplier ?
> Deux pierres (lettres) construisent deux maisons (mots)
> Trois pierres construisent six maisons
> Quatre pierres vingt maisons
> Cinq pierres cent vingt maisons
> Six pierres sept cent vingt maisons
> Sept pierres cinq mille quarante maisons
> Et après cela tu peux compter jusqu'à ce que tu arrives à ce que la bouche ne peut dire, ni l'oreille entendre... » (*Sepher yetsira*, III, 4.)

Pour l'auteur du *Yetsira*, une lettre est une pierre, *évène*, et un mot une maison, *bayit*. Ce livre du IIe siècle énonce le calcul factoriel [!] : 22 factoriel offre trois cent quarante milliards de milliards de milliards de combinaisons. A raison d'une combinaison par seconde, il faut presque trente-deux ans pour atteindre un milliard. L'ensemble des combinaisons dépasse largement le temps d'une vie...

Les modalités de combinaisons sont variées. Certaines ne considèrent que les noms divins en introduisant les variations dues aux voyelles. D'autres se concentrent sur le nom des organes du corps ou sur les lettres associées aux organes du corps comme cela est explicité dans le *Sepher yetsira*, nous allons y revenir.

Le *Tsérouf*, ou art combinatoire, provoque à l'aide d'une méditation méthodique de nouveaux états de conscience. Aboulafia, qui a beaucoup travaillé cette méthode, l'a comparée avec la musique.

CHAPITRE XVI

Méditation et musique

La pratique systématique de la méditation telle que l'enseigne Rabbi Abraham Aboulafia provoque vraiment une sensation très voisine de celle que l'on éprouve en écoutant des harmonies musicales.

La science de la combinaison est une musique de la pensée pure, dans laquelle l'alphabet prend la place de la gamme musicale. Tout le système montre une ressemblance étroite avec les principes musicaux, appliqués non aux sons mais à la pensée dans la méditation. Nous trouvons des compositions et des modifications de motifs et de combinaisons de toutes les variétés possibles.

Dans son livre *Gan naoul (Le Jardin fermé)*, Aboulafia explique dans un passage important le parallèle entre l'influence exercée par la musique et la technique de la combinaison des lettres.

« Sachez que la méthode du *Tsérouf* [combinaison des lettres] peut être comparée à la musique ; car l'oreille entend des sons de combinaisons diverses, en accord avec le caractère de la mélodie et de l'instrument.

Ainsi, deux instruments [à cordes] différents, le luth et la harpe [*kinnor* et *névèl*], leurs sons se combinent et l'oreille perçoit leurs variations et leurs harmonies et en éprouve de ce fait une sensation identique à celle des "langueurs de l'amour ".

De l'oreille, la sensation voyage jusqu'au cœur, et du cœur jusqu'à la rate.

La joie se renouvelle par l'union des différents tons qui procure un plaisir toujours nouveau. Il est impossible de produire celui-ci sinon par la combinaison des sons et la même chose est vraie de la combinaison des lettres.

Que l'on touche à la première corde — comparable à la première lettre *aleph* — puis à la seconde correspondant au *bèt* et ainsi de suite... Le divers sons se combinent et les mystères de ces combinaisons réjouissent le cœur au moyen de l'ouïe.

Ainsi procède la méthode qui consiste à permuter les lettres de l'extérieur, avec une plume, selon la combinaison suivante :

aleph-mèm-chin
mèm-aleph-chin
mèm-chin-aleph
chin-aleph-mèm
chin-mèm-aleph
aleph-chin-mèm

et ainsi de suite ... »

Il y a un effet de la musique et des combinaisons de lettres sur le corps qui est comparé à un instrument de musique.

« Car tout comme le propriétaire d'un jardin a le pouvoir d'arroser son jardin à volonté avec l'eau des rivières, de la même façon le musicien a le pouvoir d'arroser à volonté ses membres avec son âme, et grâce au grand Nom, qu'il soit béni ; tel est le sens du verset : "Et tandis que le musicien jouait de son instrument, le souffle divin s'empara de lui" (2 R 3, 15). Tel est le sens du *kinnor* qui était accroché au-dessus du lit de David et qui jouait de lui-même dans le verset : "Louez-le avec le luth et avec la harpe" (Ps 150, 3). Toutefois cela n'était rendu possible qu'après réception de l'influx divin, appelé nom de soixante-douze lettres, et de la connaissance de ses voies [65]. »

« Le corps, comme le jardin, est maître de la végétation. Et l'âme est l'Éden, maître de tous les délices, où le corps est planté. Et le sens caché de *gan 'Eden* (le jardin d'Éden), c'est le *'ad naguèn* (permutation des mêmes lettres) [c'est-à-dire jusqu'à ce qu'il joue], car la prophétie apparaît quand le serviteur joue, ainsi qu'il est écrit : "Tandis que le musicien jouait, la prophétie s'empara de lui [du prophète Élisée]" (2 R. 3, 15) [66]. »

L'expérience prophétique passe par la musique des permutations de lettres ; soulignons cette permutation très importante : l'expression « jardin d'Éden » *(gan 'Eden)* possède les mêmes lettres que *ad naguèn*, c'est-à-dire « jusqu'à ce qu'il joue ».

Dans le cadre de la méditation, la musique des lettres ouvre les chemins de la prophétie.

> « L'activité dirigée de l'adepte qui s'emploie à combiner et à séparer les lettres dans sa méditation, composant ainsi des motifs avec des groupes séparés, les combinant l'un avec l'autre et savourant leurs combinaisons dans toute direction, n'est donc pas pour Aboulafia plus dépourvue de sens ou incompréhensible que l'activité du compositeur. Tout comme le musicien exprime en sons sans paroles "le monde une nouvelle fois" — pour citer Schopenhauer — et s'élève à des hauteurs sans fin et descend à des profondeurs sans fin, de même le mystique : pour lui les portes fermées de l'âme s'ouvrent dans la musique de la pensée pure qui n'est plus liée aux "sens", et dans l'extase des harmonies les plus profondes qui ont leur origine dans le mouvement des lettres du grand Nom, ces portes s'ouvrent largement sur le chemin qui mène à Dieu [67]. »

Dans la pratique méditative proposée par Aboulafia, chaque lettre représente tout un monde pour le mystique qui s'abandonne à sa contemplation.

Mais, remarque essentielle, chaque langage et non seulement le langage hébraïque est transformé en un intermédiaire transcendantal.

CHAPITRE XVII

Les cinq modalités de l'être

On trouve dans les textes de la Bible et plus tard dans le Midrach et la Cabale cinq expressions pour désigner l'âme.

Nous entendons par âme ce qui permet à l'homme une vie harmonisée tant sur le plan physique que psychique et spirituel.

Ces cinq expressions sont :

— *néfèch* ;
— *rouah* ;
— *nechama* ;
— *hayya* ;
— *yehida*.

Tous ces termes se trouvent dans les textes bibliques et peuvent recevoir des significations aux multiples nuances. Le sens que nous allons en donner est plus adéquat aux exercices de méditation que nous allons proposer et n'exclut pas d'autres interprétations plus sophistiquées [68].

Certains commentateurs voient dans ces expressions cinq degrés hiérarchiquement organisés : *néfèch* étant le plus bas, et *yehida* le plus élevé.

Il nous semble plus juste de parler de modalités différentes de l'être-homme permettant le bon fonctionnement de la structure de l'humain.

Néfèch

Sur le plan sémantique le mot *néfèch* signifie dans sa forme verbale « se reposer, se délasser », mais en même temps, « animer, ranimer ». A la forme *hitpaèl*, *hitnafèch* veut dire « respirer fortement ». Dans sa forme substantive, *néfèche* veut dire « âme, vie, respiration » et encore, dans un sens courant, « personne, être vivant ». On trouve aussi le sens de « volonté, désir », de « sentiment, passion », de « poitrine, gorge » et encore de « monument commémoratif ».

Le *néfèch* est l'être vivant qui peut se reposer après un effort, qui est donc dans un mouvement dialectique et alterné « travail-repos », « tension-détente », alternance permettant de se reposer, de « souffler », l'effort n'étant pas ainsi porté jusqu'à l'ultime impossibilité, la mort. *Néfèch* : être vivant qui respire. Mais il ne s'agit pas ici du souffle, mais du mouvement de la vie dans l'infrastructure du corps, organe et cellules qui sont le lieu incessant d'échanges, prenant les substances nécessaires à leur énergie de fonctionnement et rejetant les substances et les déchets faisant obstacle à l'énergie vitale de bon fonctionnement.

Une des références bibliques se présente comme une définition. Nous lisons au verset 14 du chapitre 17 du Lévitique : *ki néfèch k'ol bassar damo hi*, c'est-à-dire : « Car le *néfèch* de toute chair c'est son sang. »

Et Rachi précise dans son commentaire pour qu'il n'y ait pas d'équivoque : *hanéfèch hi hadam*, « Le néfèch c'est le sang ».

Le *dam*, c'est-à-dire le sang, qui constitue littéralement un tiers de l'homme puisque celui-ci se dit *Adam (aleph-dalèt-mèm)*.

Le *néfèch*, comme le sang, est ce qui rend possible la respiration cellulaire et organique.

Le *néfèch* est la circulation des substances vitales qui énergétisent l'ensemble du corps humain dans sa dimension la plus physique.

Les autres sens de *néfèch* sont analogiques et métaphoriques. Ainsi la volonté, le désir, le sentiment, la passion sont des modalités d'un être dont l'ensemble du corps est physiologiquement bien énergétisé.

Le sang ne distribue pas seulement de l'oxygène mais l'ensemble des substances vitales qui sont amenées par la nourriture et passent dans le sang au moment de la digestion.

Ainsi, grâce au sang, les différentes cellules des différents organes recevant oxygène, eau, protéines, graisses et sels peuvent vivre, croître et se reproduire. Les déchets cellulaires sont aussi pris en charge par le sang avant d'être filtrés par les reins et d'autres organes et éliminés.

Rouah

Le mot *rouah* signifie « vent, air, souffle, respiration, esprit ».

Il s'agit d'un aspect du système respiratoire depuis la bouche et le nez jusqu'aux poumons. Les poumons sont l'« interface » entre l'intérieur et l'extérieur en ce qui concerne l'oxygène. La circulation de l'air entre le nez et la bouche d'une part et les poumons d'autre part est le *rouah*.

Le mot a subi deux évolutions. Il a commencé par signifier « esprit » puis aussi « parole ». De fait, la parole est aussi une modulation du souffle sur les cordes vocales.

Dans le *Zohar* et les *Tiqouné Zohar*, les organes du *rouah* se retrouvent dans le Tétragramme sous la forme des lettres *vav* (la trachée) et les deux *hé* (les poumons). Nous reviendrons plus loin sur le rapport entre les lettres et le corps.

La physiologie de la respiration, bien que très complexe, peut cependant être présentée schématiquement comme un lieu d'échange au niveau des poumons qui prennent en charge l'oxygène qui passe dans le sang, fixé sur les globules rouges, et qui rejettent le gaz carbonique porté par le sang depuis les cellules et fixé sur l'hémoglobine.

Quand nous respirons, très souvent nous pensons « air-oxygène » (entrée et sortie) en oubliant l'articulation des systèmes circulatoire et respiratoire.

Nechama

Il est intéressant de noter que ce terme plus que les deux précédents est devenu le synonyme de l'« âme » au sens vague et populaire de ce mot.

En fait, originellement, le *nechama* vient de la racine *nacham* qui veut dire « respirer ». Le mot *néchèm* ou *nechima*, c'est la respiration, le souffle.

Il est donc bien difficile de faire une distinction entre *rouah* et *nechama*. On peut cependant expliquer la *nechama* comme les différentes modalités du respirer, inspiration-expiration. *Rouah* garde le sens donné précédemment de physiologie des échanges gazeux au niveau des poumons.

Haya

Ce mot apparaît aussi dans le livre de la Genèse lors de la formation de l'homme et est associé aux mots *néfèch* et *nechama* : *vayitsère hachem clohim ét haadam afar min haadama, vayipah nichmat hayyim, vaychi haadam lenéfèch haya*, ce qui veut dire : « Et YHVH-ELOHIM forma l'homme : poussière de la terre. Il souffla dans ses narines une respiration de vie [*nichmat hayyim*] et l'homme fut un être vivant [*néfèch haya*]. »

Le mot *haya*, du verbe *hayo*, signifie « vivre ». *Hayyim*, c'est la vie. D'après le texte biblique, *néfèch haya* désigne toute créature vivante, homme ou animal.

Il semblerait que la *haya* soit la circulation d'énergie qui traverse le corps. *Haya*, c'est le vital au sens de l'« énergie ».

Yehida

Yehida est le plus haut niveau. Étymologiquement, ce mot signifie « singularité », « unicité ». Dans la première approche très physique que nous sommes en train de décrire, cela correspond à la manière d'être unique de chacun, certainement liée à la « carte génétique ». C'est en fait une modalité d'être au niveau éthique qui correspond à l'unique en chacun d'où découle l'idée de responsabilité.

Pour la tradition hébraïque, chaque être humain a une

vocation propre, singulière qu'il doit réaliser et qu'il est le seul à pouvoir réaliser. Il doit répondre à cette vocation, ce projet unique. Là est sa responsabilité.

CHAPITRE XVIII

Corps et graphie

D'après le *Livre de la formation (Sepher yetsira)*, il y a un rapport entre les lettres de l'alphabet et les organes et membres du corps. Les *Tiqouné Zohar*, livre de thèmes et variations sur le premier mot de la Bible, *Béréchit*, insistent aussi sur cette analogie « corps et graphie ».

Les modalités de ces rapports sont complexes. Parfois directes, parfois associatives par homophonies ou homomorphies, ou encore par adéquation structure-mot.

Le mot « main », par exemple, se dit en hébreu *yad* : *yod-dalèt*, deux lettres dont l'énergie sémantique est de 14 [*yod* = 10 ; *dalèt* = 4].

Hors, anatomiquement, la main se compose de quatorze phalanges !

Le rapport entre les chiffres et les lettres est rarement aussi évident. Un des aspects de la méditation est de chercher à construire ces rapports corps-lettres. On se rapportera ici à l'enseignement du *Livre de la formation* en insistant à chaque fois sur le terme hébraïque qui désigne l'organe ou le membre, terme important à connaître dans la mise en pratique des techniques de méditation.

Les postures, les lettres

Dans une première approche, les postures sont la mimésis de la forme des lettres.

Elles se font seul ou à plusieurs, selon la complexité de la lettre. La méditation hébraïque n'a pas codifié de manière définitive les positions du corps correspondant aux lettres et laisse en quelque sorte l'initiative à chaque participant d'inventer sa propre chorégraphie. Cependant, on peut donner les orientations suivantes, en référence à ce qui a été dit plus haut, concernant les trois formes élémentaires point-ligne-plan, correspondantes au *yod-vav-dalèt* :

— toute posture de repliement sur soi, de recroquevillement, d'enroulement, de fœtalisation, etc., représentera la lettre *yod* ;

— toute posture où le corps exprime une verticale représentera le *vav* ;

— toute posture où le corps forme un angle droit permettra d'exprimer le *dalèt*...

Remarques :

— Certaines postures de yoga et d'autres techniques permettront de réaliser de façon adéquate ces trois lettres fondamentales.

— Les lettres peuvent aussi s'écrire à plat sur le sol. Exemple : la lettre *dalèt* se formera par deux personnes allongées au sol, qui constitueront un angle droit.

— Certaines lettres ne peuvent s'écrire qu'à deux. C'est le cas du *hé* et du *qof*.

— On se reportera à la description des lettres à la fin de l'ouvrage pour réaliser ces postures.

CHAPITRE XIX

Des points en vibration : les voyelles

Après avoir étudié la structure des lettres hébraïques qui sont toutes des consonnes et donc purement de l'ordre du visible et du lisible mentalement, il faut apprendre à connaître les voyelles qui seront le fondement de la respiration.

Les dix voyelles hébraïques sont formées par des points, à l'exception de trois cas où intervient la ligne.

Procédons par ordre : du point aux points et à la ligne. Il y a trois voyelles qui sont constituées d'un seul point. C'est la place du point par rapport à la lettre qui lui donne son sens et, d'une certaine manière aussi, son importance. Plus le point est haut, plus il valorise la lettre qui le porte et plus lui-même est porteur d'énergie sémantique.

La position par rapport à la lettre est même plus importante que le nombre de points qui constituent la voyelle.

La première voyelle dans l'ordre d'importance est le *holam* : c'est un point qui se situe en haut à gauche de la lettre et donne le son « o ».

Nous donnons tous les exemples avec la lettre *aleph*.

אֹ

La plupart du temps, le *holam* est porté par la lettre *vav* et se nomme *holam-vav*.

Seules deux lettres utilisent le *holam* pour se prononcer : la 10e lettre, le *yod*, et la 19e lettre, le *qof*, dont la valeur numérique respective est 10 et 100.

Le *holam* est l'âme du *yod*, il lui donne son existence

dans le langage, dans le monde des sens. Rabbi Yossef Gikatilla explique dans *Le Jardin des noyers* : le 10 est « saint » et le *holam* qui le met en mouvement est « saint des saints ».

Nous rencontrons le point *holam* dans tout ce qui est en rapport avec la dizaine : dans le 10, dans le 100 (dizaine de dizaines). En tant que point, il est assimilé quant à sa forme à la lettre *yod* et a une première valeur numérique de 10. Mais celle-ci n'est pas pertinente, car cela voudrait dire que le *holam* a le même poids sémantique que le *chourouq* par exemple, qui est aussi formé d'un point mais qui se situe non pas au-dessus de la lettre mais en son milieu.

La valeur numérique du *holam* est celle du mot *holam* : *hèt-lamèd-mèm* = 78 ; qui a le même poids sémantique que le mot *hasdo* (la Générosité divine) : *hèt-samèkh-dalèt-vav* = 8 + 60 + 4 + 6 = 78 et que trois fois la valeur numérique du Tétragramme : *yod-hé-vav-hé* = 10 + 5 + 6 + 5 = 26 (3 × 26 = 78).

Ce qui importe aussi est le nom de cette voyelle : *holam*, qui signifie le rêve. Elle ouvre les portes du rêve. La combinaison des trois lettres de la racine devra nous faire réfléchir sur le sel : *mélah (mèm-lamèd-hèt)*, le pain (*léhem* : *lamèd-hèt-mèm*), la danse *(mahol)*, la maladie et le pardon *(mahala, mohel)*.

Ensemble d'un champ sémantique qui se déploie en essayant de trouver toutes les combinaisons que forment les trois lettres de la racine : voilà donc la méthode qu'on nomme le *tsérouf*.

Les exemples que nous venons de donner mettent en lumière une modalité d'approche que l'on pourra reproduire pour toutes les autres voyelles.

La seconde voyelle est le *chourouq*. Elle aussi est formée d'un point mais qui se situe au milieu, à gauche de la lettre. L'exemple avec le *aleph* donne :

La troisième voyelle est le *hiriq* : un point au-dessous de la lettre :

אִ *hiriq*

Holam, *chourouq*, *hiriq* constituent le premier groupe de voyelles, celles qui ne se composent que d'un point.

Le *deuxième groupe* est celui des voyelles composées de deux points. Nous avons le *tséré* qui se prononce « é » et le *chéva* (e muet).

אְ אֵ

chéva *tséré*

Le *troisième groupe* : les voyelles de trois points : le *ségol* (é) et le *qoubouts* (ou).

אֶ אֻ

ségol *qoubouts*

Le *quatrième groupe* comprend deux voyelles composées d'une ligne, seule ou associée à un point collé. C'est la série des « a » : *patah* et *qamats* :

אַ

אָ

Le *qamats*, cela ne se perçoit pas toujours, est formé d'une ligne et d'un point.

◌ָ

Le *cinquième groupe* est celui des voyelles mixtes qui sont formées de l'association de deux voyelles déjà existantes.

Rabbi Moché Cordovéro ne retient dans son commentaire du *Yetsira* que le *chéva-qamats* : association d'un *chéva* et d'un *qamats*.

אֳ

Le nom de chaque voyelle a un sens. Ainsi :
— *Holam* : la dimension du rêve.
— *Chourouq* : le sifflement et tout ce qui s'y rapporte.
— *Hiriq* : frotter, grincer, crisser.
— *Tséré* : étroitesse, enfermement, peine, détresse.
— *Chéva* : le vain, l'inutile.
— *Ségol* : violet (la couleur), une collectivité, adaptation, trésor, précieux.
— *Patah* : la porte, l'ouverture.
— *Qamats* : main qui se referme.

Le poids sémantique des voyelles, non selon leur forme, mais d'après le nom déployé de manière consonantique :
— *Holam* : *hèt-lamèd-mèm* : 8 + 30 + 40 = 78.
— *Chourouq* : *chin-rèch-qof* = 300 + 200 + 100 = 600.
— *Hiriq* : *hèt-rèch-qof* = 8 + 200 + 100 = 308.
— *Tséré* : *tsadé-rèch-yod* = 90 + 200 + 10 = 300.
— *Chéva* : deux écritures possibles :
chin-vav-aleph = 300 + 6 + 1 = 307 ;
chin-bèt-aleph = 300 + 2 + 1 = 303.
— *Ségol* : *samèkh-guimel-lamèd* = 60 + 3 + 30 = 93.
— *Patah* : *pé-tav-hét* = 80 + 400 + 8 = 488.
— *Qamats* : *quof-mèm-tsadé* = 100 + 40 + 90 = 230.

L'existence de voyelles différentes ne produit pas seulement des sons et informations de sens différenciés, mais permet des variétés de vibrations qui ont des effets importants pour l'ensemble de l'organisme humain. L'émission de voyelles durant l'expiration provoque un automassage vibratoire des organes et les vibrations atteignent les tissus les plus profonds et les cellules nerveuses ; la circulation sanguine s'intensifie dans les tissus et les organes intéressés. Les glandes à sécrétion interne, qui déversent leurs hormones directement dans le sang et la lymphe, sont stimulées (hypophyse, pinéale, thyroïde, thymus, surrénales, gonades).

Le nerf sympathique et le nerf vague n'échappent pas à l'influence bénéfique des vibrations vocales. La musculation de l'appareil respiratoire se trouve à la fois relaxée et fortifiée. La respiration s'amplifie et avec elle l'apport d'oxygène dans tout le corps.

Il se produit aussi des ondes électromagnétiques émises par ces vibrations, qui se propagent dans tout le corps et accroissent le dynamisme et la joie de vivre.

La concentration s'améliore.

Le corps tout entier se relaxe sous l'effet d'un vibromassage interne qui, psychiquement, libère les inhibitions... en harmonisant tout le psychisme.

Nous allons voir dans les chapitres suivants l'application de ces considérations vibratoires.

De plus, la fonction de l'oreille ne réside pas seulement dans sa capacité à entendre des informations, messages ou autres signes sonores. Elle est peut-être aussi et d'abord la principale génératrice de l'énergie nerveuse. Elle se comporte comme une dynamo, et la plus grande partie de l'énergie dont le cerveau a besoin vient justement du fait de l'action dynamogénique de l'appareil auditif... L'oreille assure la charge corticale; elle est génératrice d'énergie. Elle a un pouvoir dynamisant.

Parmi les effets relatifs à l'énergétisation, on peut définir ceux qui sont liés aux sons de charge et ceux qui correspondent aux sons de décharge.

Les sons graves sont plus aisément intégrés dans les zones de décharge.

Les sons aigus sont de véritables générateurs d'énergie.

CHAPITRE XX

La pratique de la méditation

La respiration : énergétisation des lettres

Le premier moment de la respiration va permettre la prise de conscience de l'articulation des trois dimensions, *Nefèch*, *Rouah*, *Nechama*, que nous avons présentées plus haut dans le chapitre intitulé : Les cinq modalités de l'être.

Soulignons cette idée fondamentale concernant la respiration : le véritable organe de la respiration, c'est le sang. Les poumons ne sont que le lieu où elle s'effectue.

> « Car c'est bien lui, le sang, qui s'empare activement de l'oxygène de l'air avec lequel il entre en contact dans l'éponge pulmonaire. C'est bien lui qui laisse s'échapper l'excès de CO_2. C'est encore lui qui agit sur les centres respiratoires dans le bulbe céphalo-rachidien pour déclencher les mouvements de la cage thoracique et du diaphragme selon ses besoins qui expriment ceux de l'organisme tout entier. Autrement dit, les poumons sont avant tout une éponge gorgée de sang, une éponge double face capable d'aspirer l'air extérieur.
>
> C'est le sang qui permet la respiration cellulaire. Le sang — il faut en prendre conscience — est bien plus qu'un simple liquide physiologique redevable de sa coloration à la présence des globules rouges. Le sang est, au sens le plus strict du terme, un *organe* fluide, un organe vivant et l'un des plus volumineux du corps puisqu'il "occupe" cinq à six litres ! Hormis la peau, aucun organe n'approche, même de loin, cette importance pondérale !
>
> Dès que le diaphragme s'abaisse et que le thorax s'ouvre, l'éponge pulmonaire se gorge de sang cherchant le contact

avec l'air. L'exercice que nous allons commencer aussitôt est basé sur cette prise de conscience. [...]

Bien qu'il puisse théoriquement se pratiquer dans n'importe quelle position, pour notre apprentissage nous choisirons la position couché au sol, sur le dos. En fait, on peut adopter la position usuelle de la relaxation : les pieds sont légèrement écartés l'un de l'autre, les bras sont le long du corps, sans le toucher toutefois, les paumes orientées de préférence vers le haut.

L'exercice commence en détachant l'attention de l'air qui entre dans les poumons et en la reportant sur l'afflux de sang en provenance de tout le corps, provoqué par l'expansion du thorax. Au début, on procède analytiquement. On effectue d'abord une lente inspiration complète *en se représentant qu'on aspire du sang hors des jambes et vers le thorax, depuis chaque orteil, et qu'il afflue dans les poumons.*

A l'expiration, s'imaginer le repli du thorax qui comprime l'éponge pulmonaire et chasse le sang purifié, enrichi, dans les jambes jusqu'aux orteils.

Effectuer une nouvelle inspiration et se représenter que l'on aspire le sang des organes abdominaux dans l'étage thoracique. A l'expiration qui suit, pensez que vous lui renvoyez du sang, bien oxygéné et rempli de vitalité. A l'inspiration suivante, c'est au tour des mains et des doigts, et des bras. Enfin — et ce n'est pas le moins important —, au cours d'une inspiration bien profonde, percevoir (car c'est littéralement perceptible) que le sang est aspiré hors du cerveau et qu'il y est refoulé pendant l'expiration. Physiologiquement, le cerveau change de volume pendant le processus respiratoire.

Maintenant, à la prochaine inspiration, imaginez que vous drainez le sang de tout le corps vers le thorax et, à l'expiration, rediffusez-le dans tout l'organisme quand le thorax se replie sur lui-même[69]. »

Dans la méditation hébraïque, la technique de la respiration que nous venons de citer se pratique dans un second temps en surimposant à la conscience intentionnelle dirigée sur l'organe ou le membre le nom hébraïque que l'on visualisera mentalement.

Ainsi ce n'est pas seulement le corps dans sa matérialité qui est énergétisé mais aussi les lettres qui le fondent.

Exemple : dans le cas du pied, on visualise mentalement le mot *Réguèl (rèch-guimel-lamèd).* A l'inspiration, on imagine que l'on puise du sang du pied et, en même temps, de l'énergie vitale *(haya)* du mot *Réguèl.*

A l'expiration, on dirige son attention sur le renvoi de l'énergie aux trois lettres *rèch-guimel-lamèd.*

Cet exercice comporte plusieurs variantes. On peut le complexifier un peu en consacrant une respiration par lettre et en précisant mentalement droit ou gauche (en hébreu *yamin* et *smol*). Tout dépend du temps que l'on peut consacrer à ces méditations.

Certains ne visualisent pas le « mot » pied, mais la lettre qui lui est attribuée par le *Sepher yetsira* comme nous l'avons déjà exposé. Par exemple la lettre *tsadé* pour le pied droit et le *qof* pour le pied gauche.

En dehors de la sensation de chaleur que l'on ressentira dans chaque partie du corps intentionnalisée, il faut se concentrer sur l'aspect énergétique de ce processus.

Comme nous l'avons souligné à plusieurs reprises, l'énergie qui traverse et circule dans le corps utilise le langage comme support. Un langage statique du corps portera un corps tendantiellement statique, et inversement. Le but essentiel de la méditation est de produire un langage en mouvement pour un être en mouvement.

Respiration et vibration

D'après Rabbi Abraham Aboulafia, la respiration méditative se compose de trois temps :
— inspiration;
— rétention du souffle dans les poumons;
— expiration.

Comme le souligne Moshe Idel dans son livre sur Aboulafia, on retrouve la respiration triadique du yoga. Chez Aboulafia comme dans le yoga, l'expiration doit durer plus ou moins le double de l'inspiration.

L'expiration se fait après rétention du souffle et s'accompagne de l'émission d'un son vocalique qui a pour but de réguler la lenteur et la régularité du souffle et de produire des vibrations diverses comme nous l'avons expliqué dans le chapitre XIX.

Comme en français il y a cinq voyelles fondamentales et cinq nuances de son.

O OU I E A

OU ouvert ; É ; A ouvert ; È ; Ae

Dans la technique d'Aboulafia, on n'utilise que cinq voyelles : *holam* [O], *qamats* [A], *hiriq* [I], *tséré* [É], *qoubouts* [OU].

Le premier exercice consiste à faire cinq respirations triadiques en émettant à chaque fois un son différent

O A E I OU

lors de l'expiration lente après la rétention.

> « D'un point de vue thérapeutique, cette combinaison du souffle et des sons produit des vibrations spécifiques qui provoquent une meilleure circulation du sang et de l'énergie vitale et agissent positivement sur le système nerveux.
>
> Chaque son a son propre champ d'action :
>
> — O *(holam)* agit sur le centre du thorax et le diaphragme et tonifie le cœur.
>
> — A *(qamats)* agit sur l'œsophage, les trois côtes supérieures et les lobes pulmonaires supérieurs.
>
> — É *(tséré)* sur la gorge, les cordes vocales, le larynx, la thyroïde.
>
> — I *(hiriq)* vibre vers le haut, vers le larynx, le nez, la tête et dissipe les migraines.
>
> — OU *(qoubouts)* agit sur tous les viscères abdominaux dont l'estomac, le foie, les intestins et gonades.
>
> Dans une attitude de recueillement, il faut se concentrer sur l'"émotion" qu'éveille la voyelle. Puis on inspire par le nez, on retient son souffle et on expire lentement le son vocalique en fredonnant et en se concentrant sur l'endroit où la vibration se place, en vidant les poumons aussi lentement et aussi à fond que possible mais sans effort exagéré.
>
> Le massage vibratoire met en circulation des tensions accumulées dans les tissus qui sont ensuite éliminées, tandis que l'afflux de sang bien oxygéné nourrit et vitalise les cellules [70]. »

Le deuxième exercice va mettre en œuvre le même processus, mais adjoindre aux modulations de la voyelle les variations consonantiques.

Ainsi on aura 22 dyades, associant à chaque fois la lettre *aleph* et une autre lettre de l'alphabet.

On modulera selon le tableau suivant qui sert de guide. Ici sont associées les lettres *aleph* et *yod* en cinquante combinaisons différentes.

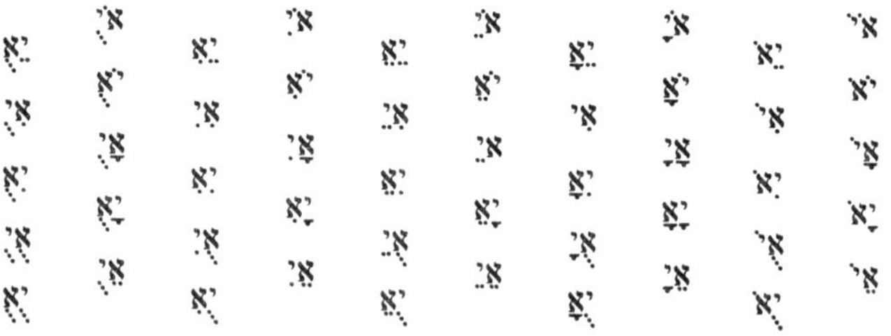

Il y a donc en tout, avec 5 voyelles et 22 lettres combinées au *aleph*, 1 100 combinaisons possibles [71].

Le troisième exercice consiste à visualiser les lettres prononcées et à balancer la tête dans un mouvement qui décrit la forme de la lettre. Ce mouvement peut accompagner une émission vocale réelle ou une intériorisation mentale et silencieuse du son de la lettre.

Pour la forme de la lettre, on se reportera au chapitre suivant.

Visualisation et écriture

Après les exercices concernant la respiration du « souffle circulatoire » et l'énergétisation des lettres-corps et des « vocalises » vibratoires, la méditation hébraïque se consacre à un ensemble de méditations par visualisation.

Selon la technique proposée par Aboulafia, il s'agit d'utiliser la forme des lettres hébraïques comme support à la méditation. « Dans le calme et dans une semi-clarté, prenez une plume, de l'encre et une planche. » Adapté à notre matériel moderne, il suffit de prendre du papier blanc sans ligne, de l'encre noire et un outil d'écriture qui puisse faire les pleins et déliés (une plume taillée en biseau).

Premier exercice : Après une séance de respiration et de vocalisation (dix minutes maximum chacune), on trace une série complète des lettres de l'alphabet hébraïque selon la forme rituelle proposée à la fin de ce paragraphe.

Il ne s'agit pas ici d'un exercice de pure technique d'écriture mais d'intériorisation de ces formes pour essayer ensuite de comprendre quels impacts elles ont sur nous.

Dans un premier temps, il faut se laisser imprégner intuitivement par ces formes. Dans un second temps, il faut reprendre chaque lettre une à une et méditer en visualisant les yeux fermés à tout ce que chaque lettre évoque, au niveau individuel et collectif. Il faut se mettre littéralement en situation mentale de *aleph*, *bèt*, etc.

Cet exercice peut être pratiqué seul ou en groupe. Dans le premier cas, il est nécessaire après la méditation de noter toutes ses évocations dans un cahier que vous consacrerez à cet usage.

Lorsque cet exercice est fait en groupe, la méditation personnelle est suivie d'un échange collectif sur le sens et l'évocation de chaque lettre.

Rappelons que tout ce qui peut être dit n'est qu'interprétation personnelle et non pas une vérité dogmatique à imposer : proposition et non imposition.

Après cet échange collectif, chacun retournera à son cahier pour noter les grandes lignes ou les détails de la séance.

Ce qui est important est d'apprendre la dynamique de formation des lettres et d'être capable par la suite de les visualiser de mémoire.

Le deuxième exercice consiste à méditer sur les lettres de son *prénom hébraïque*. On procède de la même manière que précédemment.

Première phase. Écriture des lettres jusqu'à une mémorisation visuelle.

Deuxième phase, chercher toutes les évocations qu'éveillent ces lettres, les noter et les discuter dans un dialogue avec une autre personne.

Dans cet exercice, on utilisera le *Tsérouf*, la combinatoire des lettres, c'est-à-dire qu'on cherchera à écrire le maximum de mots avec les lettres des prénoms.

Pour les personnes qui n'ont pas de prénom hébraïque, il faut s'en choisir un et en vérifier l'écriture exacte en hébreu.

La troisième phase consiste à reprendre les exercices de respiration dans lesquelles les sons émis seront les voyelles et consonnes (voyelles d'abord seules et voyelles associées aux consonnes ensuite) du prénom.

Exemple : Abraham
en voyelles : A - A - A
en voyelles-consonnes : AB - RA - HAM

Le troisième exercice est une prolongation du précédent. Il s'agit de faire le même travail avec le prénom de ses parents, grands-parents, etc.

Le but de ce travail est de s'inscrire dans une temporalité vivante qui assume le passé et le futur.

Pour la tradition hébraïque, il n'y a pas de futur sans passé.

On comprendra que le quatrième exercice est la suite logique de ce que nous venons de dire. Il consiste en un travail de méditation sur les prénoms de ses enfants ou sur les prénoms qu'on aimerait donner à des enfants.

Toutes ces méditations mettent donc en jeu la réflexion, la visualisation, l'écriture, la respiration, le mouvement de la tête ou du corps entier « dansant » la forme des lettres. Ainsi un nom est un enchaînement de mouvements.

Ce travail doit être fait lentement et régulièrement. Il ne faut jamais consacrer plus de deux heures par jour à ce travail.

De même, on se concentrera sur une seule lettre (et une seule voyelle) par séance quand on les découvre pour la première fois.

Dans les séances suivantes, on travaillera d'abord sur une nouvelle lettre, puis on intégrera ensuite les conclusions des séances précédentes.

Remarque fondamentale

Ces exercices sur les noms ne sont que des préliminaires au travail sur les noms divins, trop complexe pour être exposé dans cette petite introduction.

Nous avons cependant donné suffisamment d'informations dans les chapitres précédents pour commencer une méditation intéressante.

On pourra consacrer de nombreuses séances au Tétragramme YHVH en appliquant tous les exercices de respiration exposés. Mais il faut, dans ces méditations, dissocier la visualisation mentale de la vocalisation.

En effet, le Tétragramme étant imprononçable, on ne peut le vocaliser. Les exercices ne concernent ici que les lettres-consonnes que l'on visualisera de façon dynamique. Nous avons expliqué plus haut la structure graphique du Tétragramme fondé sur la combinatoire des trois éléments point-ligne-plan.

Il s'agit ici de faire le parcours qui va du néant à l'inscription du Tétragramme et du Tétragramme au néant.

On procède de la façon suivante :

— Il faut arriver à visualiser le néant à l'aide d'une représentation de la blancheur dans laquelle on fera soudain émerger le point le *(yod)*, puis la ligne *(vav)* et enfin le plan *(dalèt)*. Puis on écrira mentalement le Tétragramme en suivant l'évolution de sa construction graphique.

— Dans une deuxième phase, on fera le chemin inverse pour retourner au néant.

Cet exercice correspond à la dialectique du « Je » et du « rien » exposée au chapitre IV.

L'ensemble de ces exercices préliminaires, qui ne requièrent aucun savoir en dehors de l'alphabet hébraïque, n'est qu'une goutte d'eau dans la mer infinie des textes hébraïques et ne représente que quelques pages sur les dizaines de milliers de pages des textes de la mystique juive.

Pour donner une petite idée, le *Zohar* dans l'édition courante se compose d'une vingtaine de volumes de plus de trois cents pages chacun : il faut y ajouter l'œuvre monumentale de Rabbi Abraham Aboulafia (une dizaine de traités), l'œuvre de Rabbi Moché Cordovéro, l'œuvre fondamentale de Rabbi Isaac Louria (une vingtaine d'imposants volumes). Sans oublier bien évidemment le Talmud, le Midrach, etc.

On ne peut pas faire de la méditation hébraïque sans qu'elle soit accompagnée de séances d'études des textes de la tradition. Seule cette étude parallèle permet le non-dessèchement de la technique méditative.

CHAPITRE XXI*

Description des lettres

1. Le scribe doit s'appliquer à former des lettres claires, immédiatement reconnaissables, tout en soignant la beauté de son écriture.

De légères modifications ne disqualifient pas son travail, dans la mesure où la silhouette spécifique des lettres est respectée.

2. Des différences mineures existent, basées sur des sources variées de la Tradition, entre l'écriture séfarade (espagnole) et l'écriture ashkénaze (allemande). La première a reçu le nom de *Ktav Vallich*, et la deuxième, celui de *Ktav Beit Yosseph*.

Selon une opinion largement répandue, chacun peut adopter occasionnellement l'écriture d'une communauté différente.

3. Chacune des lettres doit obligatoirement être formée d'une seule pièce, à l'exception du *hé* et du *qof* dont la jambe gauche est séparée du reste de la lettre. Une lettre sera disqualifiée par la moindre brisure, et également lorsque deux parties se touchent à un endroit où elles auraient dû être séparées.

4. Les lettres *guimèl*, *zayin*, *tèt*, *noun* (et *noun* final), *'ayin*, *tsadé* (et *tsadé* final) et *chin* sont ornées sur leur tête de gauche de trois petits traits. Ceux-ci sont appelés *tag* (au pluriel *taguim*). Ces *taguim* sont très fins, bien séparés les uns des autres, et devront toucher la tête de la lettre. Ils sont eux-mêmes composés d'une fine jambe coiffée d'un petit chapeau.

* Tout ce chapitre est extrait du livre de Haïm Rozenblum, *L'Encrier du scribe*, Éditions Marome, 1990.

Nous remercions chaleureusement l'auteur et l'éditeur qui nous ont aimablement autorisé la reproduction de ces pages.

ALEPH

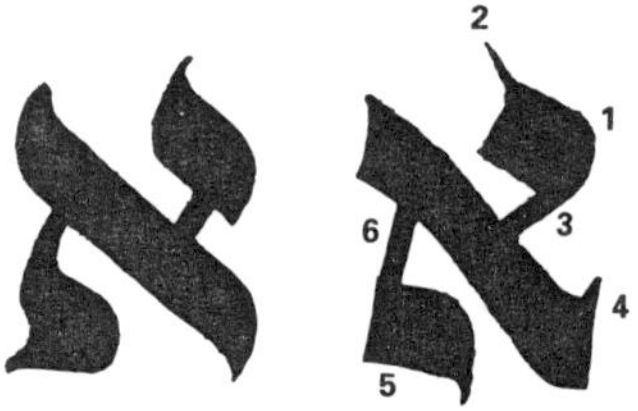

Le membre supérieur [1] ressemble à un *yod* légèrement penché vers la droite, et surmonté d'un petit trait [2]. Ce *yod* est obligatoirement relié par sa « jambe » [3] à l'élément central du *aleph*, si possible en son milieu. Cet élément central est légèrement incliné vers le haut en son extrémité inférieure [4]. Le membre inférieur [5] ressemble à un *yod* relié à l'élément central par le trait [6] qui le surplombe (selon les enseignements du Rabbi Ari Za'l, sa forme est plutôt celle d'un petit « *dalèt* renversé ».

Dans le *Ktav Vallich*, le membre supérieur n'est pas exactement comme un *yod*, sa jambe sort du côté droit, mais pas de l'extrémité, et va se rattacher à l'élément central un peu plus bas qu'en son milieu. Quant au membre inférieur, il est muni d'une petite jambe sur sa gauche.

BÈT

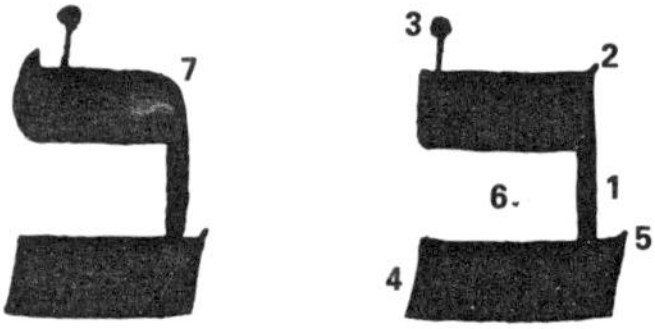

On veillera à ce que ses côtés [1] forment de vrais angles droits, afin de le différencier du *kaf*. Le *bèt* est normalement orné de deux petits traits ; un sur l'angle supérieur [2], dirigé vers le *aleph*, et le second proche de la « face » de la lettre [3]. Le socle [4] se prolonge sur la droite, et s'arrête sur une petite saillie [5]. La hauteur et la largeur du *bèt* sont égales à trois *épaisseurs de plume* (unité de mesure de l'écriture = épaisseur du trait sortant de la plume posée bien à plat), et la hauteur de son espace intérieur [6] aura la valeur d'une épaisseur de plume.

En écriture séfarade, l'angle supérieur [7] est souvent arrondi et l'on n'y rajoute pas le petit trait mentionné plus haut.

GUIMÈL

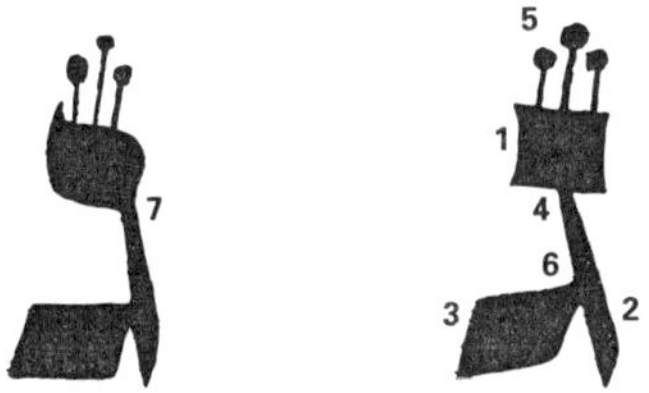

La « tête » [1] est épaisse, la jambe droite [2] est fine et se prolonge un peu plus bas que le membre inférieur gauche [3]. Ce dernier s'élargit en se relevant légèrement en direction du *dalèt*. La jambe se raccroche au milieu [4] de la tête et celle-ci est surmontée de trois petits traits [5]. La jonction [6] entre les deux jambes est un peu épaisse.

Selon l'habitude séfarade, la jambe se rattache à l'extrémité droite [7] de la tête.

DALÈT

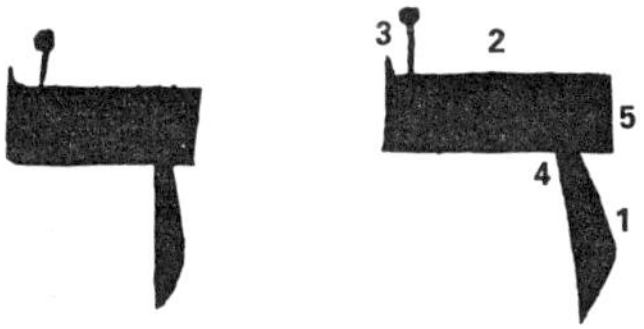

La jambe [1] est un peu plus courte que le « toit » [2], de façon à ne pas ressembler à un *kaf* final. La jambe descend légèrement inclinée vers la droite, et on rajoutera un petit trait [3] vers l'extrémité gauche du toit. L'angle sera très nettement carré [4], pour différencier le *dalèt* du *rèch*, et il est même préférable de rajouter là-bas un « talon » [5] pour accentuer cette différence.

En écriture séfarade, la jambe est souvent verticale.

HÉ

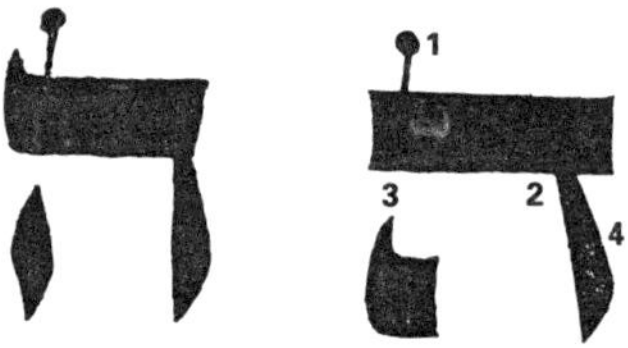

Le toit sera orné d'un petit trait [1] vers son extrémité gauche, et l'angle [2] sera carré comme dans le *dalèt* (et non pas arrondi comme un *rèch*). La jambe de gauche ne sera pas éloignée [3] du toit de plus d'une épaisseur de plume ni trop rapprochée, mais placée de façon telle que l'espace libre soit clairement perçu lors de la lecture de la Tora. Si cette jambe gauche touche le toit, même très finement, le *hé* est inapte à la lecture. Elle doit aussi être située à la fin de la lettre en hauteur et en largeur ; quant à sa forme, elle est celle d'un *yod* renversé. La jambe droite [4] est identique à celle du *dalèt*.

Selon l'habitude séfarade, certains font la jambe gauche comme un simple trait vertical.

N.B. Selon les enseignements du Rabbi Ari Za'l, les *hé* du Nom divin ont une forme un peu différente.

VAV

Sa tête [1] doit être assez courte pour que le *vav* ne ressemble pas à un *rèch*, et sa jambe [2] assez longue pour ne pas ressembler à un *yod*. Il est recommandé que l'angle [3] soit arrondi, et que la jambe descende en s'amincissant.

Les séfarades ajoutent en général un petit trait [4] en haut du *vav*.

ZAYIN

Sa jambe [1] ne doit pas être trop longue, afin qu'il ne ressemble pas à un *noun final*. En cas de doute, on fera reconnaître la lettre par un enfant. Sa tête [2] dépassera de part et d'autre de la jambe, sa forme étant celle d'un carré surmonté de trois petits traits.

En écriture séfarade, la tête du *zayin* ressemble souvent à un losange légèrement relevé vers le haut.

HÈT

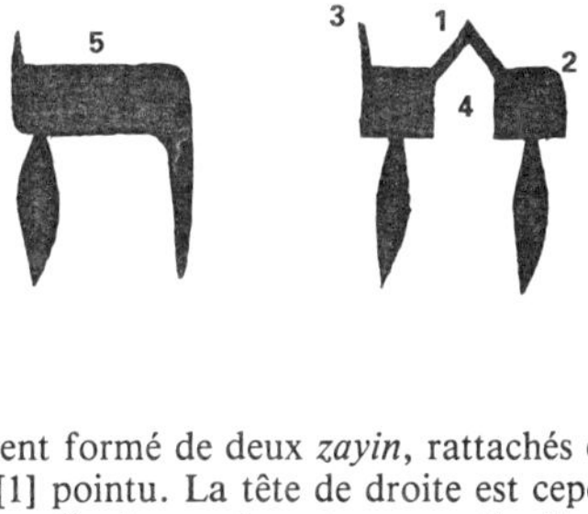

Il est normalement formé de deux *zayin*, rattachés en haut par une sorte de chapeau [1] pointu. La tête de droite est cependant arrondie sur sa droite [2] et celle de gauche est surmontée d'un petit trait [3]. L'espace [4] les séparant sera au maximum d'une épaisseur de plume. Si le *hèt* est écrit sans « chapeau », mais avec un toit plat [5], il est aussi valable, même s'il est beaucoup plus long.

TÈT

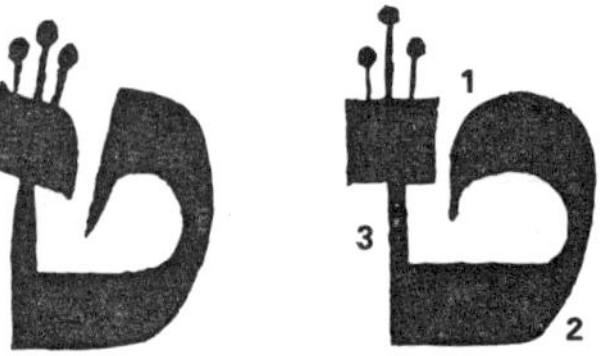

La tête de droite sera repliée sur elle-même [1] en arrondi. La jambe qui la prolonge sera également arrondie [2] en bas. La partie gauche de la lettre est constituée d'une jambe verticale [3] rattachée au socle en angle droit, et d'une tête carrée surmontée de trois petits traits.

YOD

Il doit comporter sur la droite une jambe [1] légèrement inclinée vers la gauche. Sa face [2] gauche est munie de deux petits traits : celui du haut [3] étant plus long que celui du bas [4], et tous les deux plus courts que la jambe. L'absence de l'un de ces deux membres inférieurs (et peut-être aussi du petit trait supérieur) rend la lettre inapte à la lecture. Le corps du *yod* est quant à lui un carré [5] posé droit, de la taille d'une épaisseur de plume, dont le côté droit [6] est arrondi. Les proportions du *yod* devront être très scrupuleusement respectées, car tout changement risque de faire ressembler la lettre à un *vav*, un *rèch*, un *hèt*, ou un *lamèd*.

Selon l'habitude séfarade, la tête du *yod* est souvent légèrement inclinée [7] vers la droite. Sa moitié gauche va en se relevant et en se rétrécissant, jusqu'à ce que le petit trait s'en dégage [8]. Selon certaines autorités, le *yod* ne sera pas disqualifié par l'absence du petit trait inférieur gauche mentionné.

KAF

On l'arrondira à l'arrière en haut [1] et en bas [2], pour bien le différencier du *bèt*. Le vide central aura une hauteur d'au moins une épaisseur de plume, et les arêtes seront alignées verticalement [3]. Il faut éviter de l'écrire trop étroit, ce qui le ferait ressembler à un *noun*.

KAF FINAL

Il doit être tel qu'il se transformerait en *kaf* si on le repliait. De ce fait, la longueur de son toit doit être la moitié de celle de sa jambe, et son coin [1] doit obligatoirement être arrondi. Si le toit a été allongé au point de faire ressembler la lettre à un *rèch*, celle-ci est *passoul*, et si le coin forme un angle droit, il sera nécessaire de la rectifier en ajoutant de l'encre pour l'arrondir.

Selon le rite séfarade, l'on pourra valider un *kaf final* écrit avec un angle droit.

LAMÈD

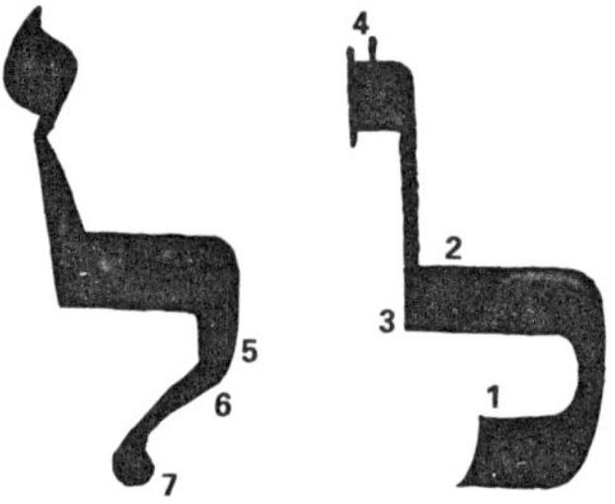

Sa forme est celle d'un *kaf* surmonté d'un *vav*. L'on écrit en général la base [1] de ce *kaf* plus courte que sa partie supérieure [2]. La jonction avec le *vav* forme un angle droit [3] à l'extrémité du *kaf*. La tête du *vav* est ornée de deux petits traits [4] : celui de droite un peu plus long que celui de gauche.

Selon l'habitude séfarade, le corps du *lamèd* n'est pas comme un *kaf*, mais il est d'abord comme un *rèch* avec une courte jambe [5], puis se poursuit par une ligne diagonale [6] vers la gauche, et cette ligne se replie légèrement vers le bas [7] en son extrémité.

MÈM

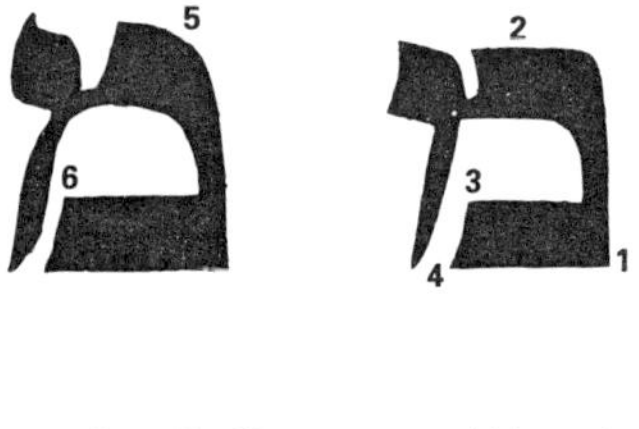

Sa forme est à peu près celle d'un *vav* accolé à un *kaf*, cependant son coin inférieur [1] sera en angle et non pas en arrondi. Son toit est plat [2] et se prolonge jusqu'à la verticale [3] de son socle. Le *vav* est légèrement incliné ; et l'on doit veiller à ce qu'il ne touche pas [4] le socle.

Dans l'écriture séfarade, le toit est arrondi [5] et ne se prolonge pas [6] jusqu'à l'extrémité du socle.

MÈM FINAL

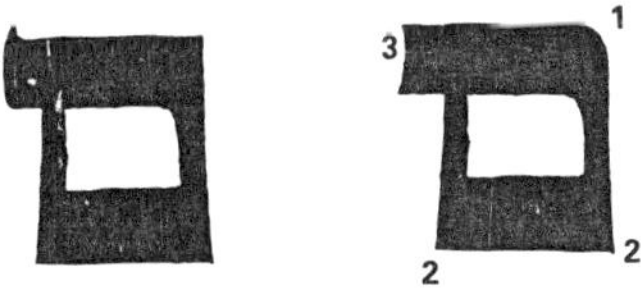

On l'écrit un peu arrondi [1] en haut à droite, mais ses autres coins [2] seront en angles droits. Son toit dépasse sur la gauche [3] d'environ une épaisseur de plume. Certains forment également le coin supérieur droit en angle.

NOUN

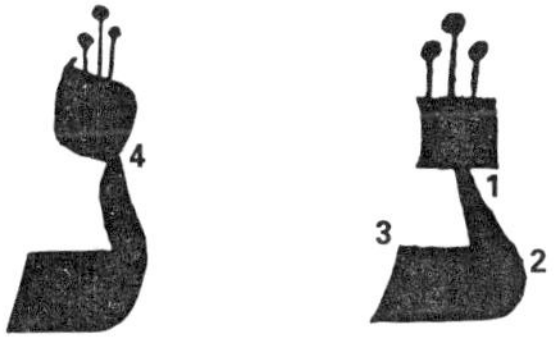

Sa tête est la même que celle du *zayin*, de forme carrée et surmontée des trois petits traits. Le cou s'en dégage [1] de son milieu, et s'incline en descendant vers la droite, avant de se rattacher [2] au socle en arrondi. Ce dernier se prolonge vers la gauche jusqu'à dépasser nettement [3] la limite de la tête.

Selon l'habitude séfarade, la jambe du *noun* se dégage de l'extrémité droite [4] de la tête.

NOUN FINAL

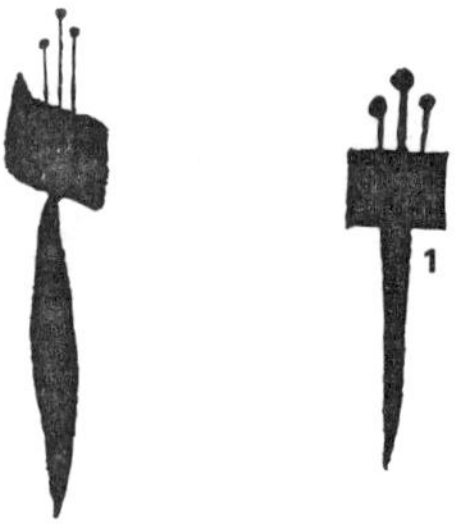

Sa forme est celle du *zayin*, mais plus allongée, sa taille allant jusqu'à environ cinq épaisseurs de plume. En cas de confusion entre ces deux lettres, on devra la faire identifier par un enfant. Dans le *noun final*, la jambe devra obligatoirement sortir du milieu [1] de la tête, et non pas de l'extrémité droite (ce qui lui donnerait une forme de *vav* allongé). Ici aussi, la tête est ornée de trois petits traits.

SAMÈKH

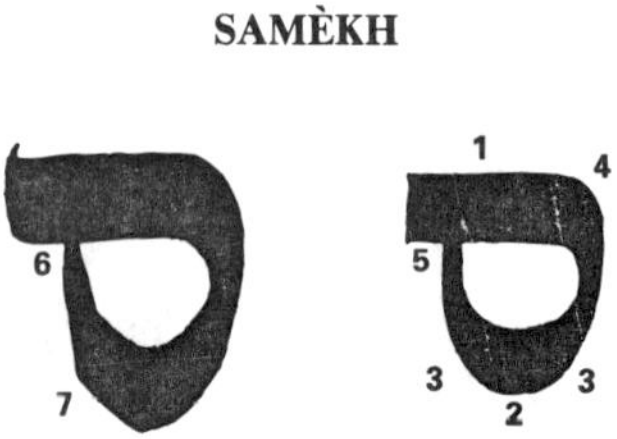

Le toit sera plat [1] et la base étroite [2]. Les deux coins inférieurs [3] et le coin supérieur droit [4] seront très arrondis, tandis que le coin supérieur gauche [5] formera un angle droit. Le « toit » se prolonge un peu au-delà de la lettre.

Selon l'habitude séfarade, la jambe de gauche [6] ne forme pas une courbe régulière, mais elle se brise [7] et s'incline vers la droite.

'AYIN

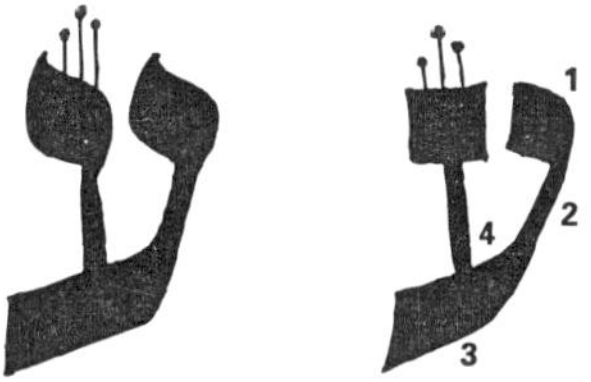

La tête de droite est un peu redressée [1] vers le haut ; sa jambe s'en écarte d'abord presque verticalement [2], juste un peu inclinée vers la gauche et sa partie inférieure oblique plus vers la gauche [3], pour former un socle qui va en s'épaississant. La partie gauche du *'ayin* a exactement la forme d'un *zayin* et vient se poser [4] vers le début du socle. Certains donnent à la tête de gauche la forme d'un *vav* à tête carrée, également ornée de trois petits traits.

PÉ

Son coin supérieur droit [1] sera en angle droit. Quant au coin inférieur droit [2], il sera arrondi à l'extérieur. Son extrémité supérieure gauche est surmontée d'un petit trait [3], qui se poursuit vers le bas et s'élargit sur sa droite [4] à l'intérieur du *pé*, jusqu'à former un *vav* inversé. Ce *vav* ne doit pas toucher le corps du *pé* en aucun autre point que sa jambe qui l'y relie. Le vide central [5] du *pé* a la forme d'un *bèt*.

Dans l'écriture séfarade, le bas du *vav* est couramment affublé d'un petit trait latéral.

PÉ FINAL

Son coin supérieur droit [1] doit former un angle droit. Sa jambe sera suffisamment longue pour pouvoir être recourbée, et rendre à la lettre la forme d'un *pé* simple. Certains arrondissent l'angle supérieur droit.

TSADÉ

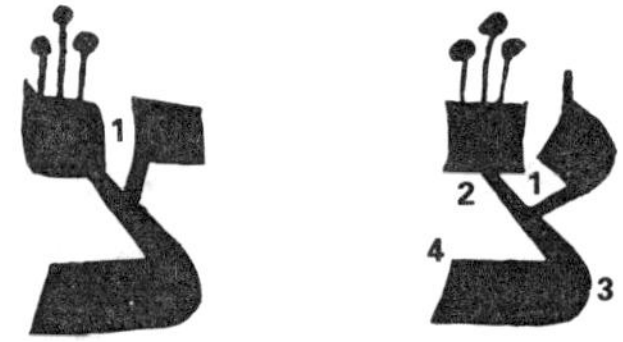

Sa forme générale est celle d'un *noun* à l'arrière duquel se rattache un *yod* légèrement incliné. La jambe du *yod* se raccorde vers le milieu de la hauteur [1] du *noun*, et non pas dans sa moitié inférieure, afin d'éviter une ressemblance avec le *'ayin*. Le cou du *noun* se joindra [2] à la tête en son milieu, et non pas en son extrémité. Cette tête est ornée de trois petits traits. Le coin inférieur droit [3] est arrondi. Le socle se prolonge sur la gauche [4] au moins jusqu'à la verticale de la tête de gauche.

Selon le *minhag* séfarade (et également selon la tradition attribuée au Rabbi Ari Za'l), les deux têtes du *tsadé* [1] sont deux *yod*, celui de droite étant inversé.

TSADÉ FINAL

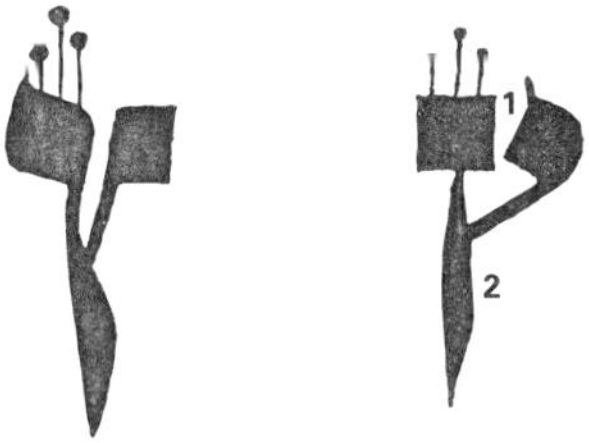

Ses deux têtes [1] sont les mêmes que celles du *tsadé*, mais sa jambe [2] descend tout droit, suffisamment longue pour pouvoir rendre à la lettre la forme du *tsadé* simple si on la repliait.

QOF

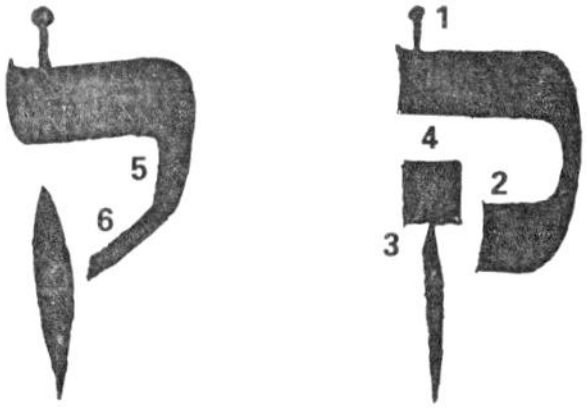

Son toit est orné d'un petit trait vertical [1] vers la gauche. Sa jambe droite doit être franchement repliée [2] en direction de sa jambe gauche. Cette dernière [3] ne touchera ni le toit ni la jambe droite, sera distante du toit d'environ une demi-épaisseur de plume [4] et descendra en s'inclinant légèrement vers la droite. La silhouette de cette jambe est celle d'un *noun* final, et elle est suspendue sous l'extrémité gauche du toit.

Dans l'écriture séfarade, la jambe droite n'est pas vraiment recourbée, mais se divise en deux segments : le premier [5], plus épais, descend verticalement, et le second [6], plus mince, s'oriente vers la gauche. Quant à la jambe gauche, elle est mince en ses deux extrémités, et s'épaissit en son milieu.

RÈCH

Son coin [1] est très nettement arrondi. Sa jambe est légèrement plus courte que son toit, de façon à le différencier du *kaf* final. Son toit est suffisamment allongé pour le différencier du *vav*.

CHIN

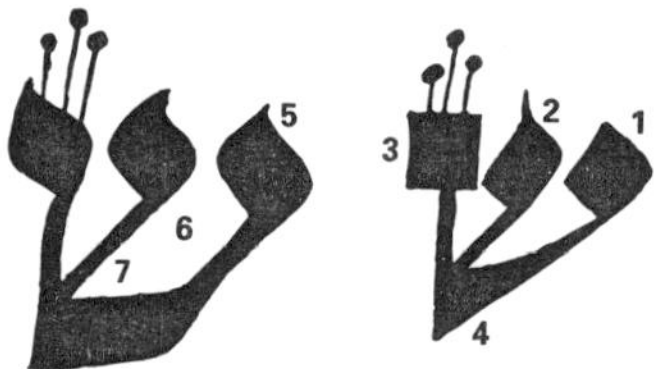

Ses trois membres ont successivement, de la droite vers la gauche, la forme d'un *vav* [1], *yod* [2] et *zayin* [3]. Ce dernier se tient droit et est surmonté de trois petits traits. Les deux précédents sont inclinés de façon à rejoindre [4] le *zayin* en sa base.

Selon l'habitude séfarade, le *chin* est composé de trois *yod* : celui de droite s'incline [5] légèrement, celui du milieu est exactement semblable au premier et l'écart entre les deux reste constant [6] depuis leur sommet jusqu'à leur base. Du fait de son inclinaison, ce deuxième *yod* vient rejoindre [7] le troisième en sa base, tandis que celui de droite ne les rejoint pas. Ils sont cependant réunis par le socle [8] de la lettre. Ce dernier est plus étroit que la largeur totale des têtes, et incliné vers sa gauche.

TAV

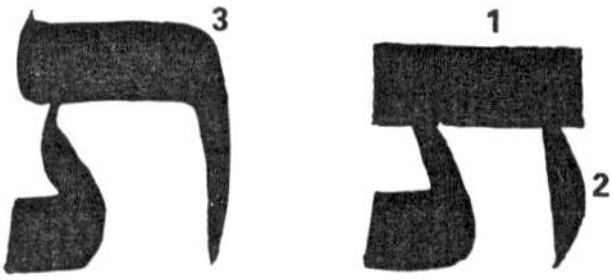

Le toit [1] et la jambe de droite [2] forment un *dalèt*. Quant à la jambe de gauche, elle a la forme d'un *vav*, renversé et accroché au toit.

Selon l'écriture séfarade, ce *dalèt* est souvent remplacé par un *rèch*.

CHAPITRE XXII

Un être en voyage...

Dans l'ensemble de ce livre, nous avons parlé de hassidisme, Cabale, méditation hébraïque, Talmud et Midrach. L'horizon culturel et religieux qui sous-tend tous ces textes et problématiques est le judaïsme.

Dans ce voyage dans les lettres et dans les mots, dans ces mots que nous avons appris à lire à la lettre, une question essentielle nous a accompagné : qu'est-ce qu'un « juif » ?

Le mot « juif » vient de l'hébreu *yéhoudi*, dérivé lui-même de *Yéhouda*. Le nom *Yéhouda* désigne plusieurs choses différentes.

Tout d'abord, c'est le nom du quatrième fils que Jacob a eu avec Léa (Genèse, 29, 35), que le texte biblique fait dériver du verbe *lehodot*, qui signifie « remercier ».

Par la suite, le lieu d'habitation de cette tribu est devenu le pays de *Yéhouda*, en français : la « Judée », et ses habitants sont les *Yéhoudim* ou, en français, les « Juifs ».

L'appartenance à *Yéhouda* et à la « Judée », terme attribué par les Romains, s'entend mieux dans l'allemand par exemple : *Jude*, *Juden*.

Ce retour à l'hébreu, sans nécessairement procéder à une analyse géographique et historique, nous donne à penser le « juif » à partir du mot-nom *Yéhouda*. Mais ce nom n'est pas n'importe lequel, il dit autre chose que les remerciements de Léa.

Le nom *Yéhouda* s'écrit en cinq lettres : *yod-hé-vav-dalèt-hé*.

Nos précédentes études nous ont suffisamment préparés pour voir immédiatement dans ce nom le Tétragramme *yod-hé-vav-hé*, plus la lettre *dalèt*.

La lettre *dalèt* signifie en hébreu « porte », ce qui nous incite à formuler que le nom *Yéhouda* signifie : « mettre une porte dans le Nom Tétragramme ».

Le mot *yéhoudi*, « juif », est un adjectif dérivé de *Yéhouda*. Il dit : « qui appartient à la tribu de Yéhouda » ou encore : « qui a la structure du mot *Yéhouda* », ce que nous pouvons formuler ainsi : « Le juif est une personne qui met une porte dans le Nom Tétragramme. »

Tout ce que nous avons dit dans les chapitres précédents sur le Nom peut servir de commentaire à notre proposition. Nous allons cependant ajouter ici une explication sur le Nom qui précède et introduit tous les autres commentaires.

Le Tétragramme, quatre consonnes sans voyelles, est écrit de trois lettres *yod-hé-vav* (le *hé* est répété deux fois) qui disent le présent, le passé et le futur : *hové*, *haya*, *yéhé*.

Ou encore, on peut dire que le Tétragramme est un présent qui est sans cesse futurisé, poussé en avant par la lettre *yod* (qui, devant un verbe, marque le futur) : *yod*, *hové*.

La porte dans le Nom est ainsi une porte dans le temps, dans un temps qui n'accepte pas le « maintenant ». (Il faut rappeler que l'hébreu n'a pas de verbe « être » au présent.)

Être juif-*yéhoudi*, c'est ouvrir la porte du présent qui ne reste jamais présent, une porte qui fracture le présent pour se projeter dans le passé et le futur.

Être juif, c'est s'introduire à l'intérieur des possibilités du temps en assumant les trois dimensions du temps — passé, présent et futur, mémoire, vie et espérance. Dans cette temporalisation du temps, le juif dit en même temps l'impossible fixation dans l'identique et dénonce le concept d'identité.

Le Nom Tétragramme dit que « être » signifie « avoir à être », et le juif pénètre dans cet écart qui est le fondement du temps lui-même.

Le mot « juif », compris à partir de *Yéhouda*, vient dire que l'identité définitive est une illusion et nous invite à penser « au-delà du principe d'identité... ». Le juif est bien le « sémite », descendant du premier fils de Noé, *Chem*, dont le nom signifie... « Nom ».

Les descendants du « Nom » reçoivent la révélation du Nom Tétragramme, Nom en mouvement, Nom qui échappe aux vibrations phoniques et refuse de venir s'échouer dans un « dit ».

Être juif en entrant dans le Nom, c'est, de ce fait, affirmer la volonté de rester extérieur à une définition, à un concept. Cela ne s'entend pas comme le refus d'exister ; au contraire, cette levée de barrières figées de la langue est un choix d'existence qui se comprend comme invention continue de soi. Il y a là une prise de position éthique fondée sur une différentialité interne du pouvoir être autrement.

Au niveau collectif, cela se traduit par un ensemble de pratiques et de rites qui ne sont pas la répétition mortifère d'un passé mais le dénouement incessant des mots et des choses, faisant ainsi obstacle à la pétrification du temps et de l'espace...

NOTES

Avant-propos

1. Cf. aussi G. Sholem, *Les Grands Courants de la mystique juive*, Payot, 1973, p 135 et s.
2. Cf. par exemple, L'Anthologie faite par Louis Jacobs qui réunit tous ces auteurs.
3. Cf. Rabbi Nahman de Braslav, *Liqouté Moharan*, II, 22 et 25.
4. Cf. Marc-Alain Ouaknin, *Le Livre brûlé*, Lieu commun, 1986, 1re partie.
5. Cf. M. Kundera, *L'Art du roman*, Gallimard, 1982.
6. Cf. M.-A. Ouaknin, *Lire aux éclats*, Quai Voltaire, 1982 (3e édition).
7. Cf. G. Steiner, *Présences réelles*, Gallimard, 1991.
8. Cf., sur le rythme, les travaux de H. Meshonic, en particulier *Critique du rythme*, Verdier, 1983. Voir aussi Nicolas Abraham, *Rythmes*, Flammarion, 1985.
9. Cf. P. Ricœur, *Temps et récits*, 3 volumes, Seuil, 1983, 1984 et 1985.
10. Cf. H. Atlan, *Tout, non, peut-être*, Seuil, 1992, p. 308.
11. Cf. M.-A. Ouaknin, *Le Livre brûlé*, *op. cit.*, p. 350 et s.

Première partie
Voyages d'une étincelle

1. Cité par G. Sholem en conclusion des *Grands Courants de la mystique juive*, *op. cit.*
2. A. Mandel, *Les Juifs hassidiques du XVIIIe siècle à nos jours*, Hachette, 1974.
3. T.W. Adorno, in *Modèles critiques*, Payot, 1984, p. 205.
4. *Liqouté Moharan*, II, 24.
5. Adorno, *op. cit.*, *ibid.*
6. E. Levinas, *L'Humanisme de l'autre homme*, Fata Morgana, 1972.
7. Le mot « temps » se dit *Zemane*.

8. Martin Buber, *Judaïsme*, Verdier, 1982, p. 9.
9. G. Sholem, *Les Grands Courants de la mystique juive*, *op. cit.*, p. 343.
10. Pour le hassidisme contemporain, voir A. Mandel : *Les Juifs hassidiques du* XVIIIe *siècle à nos jours*, *op. cit.*
11. Cf. G. Sholem, *op. cit.*, p. 94 à 133.
12. *Ibid.*, p. 20 et 21, cf. aussi G. Sholem, *Le Messianisme juif*, Calmann-Lévy, 1974, p. 72 et 73.
13. A. Mandel, *La Voie du hassidisme*, Calmann-Lévy, 1963.
14. M.-A. Ouaknin, *Lire aux éclats*, *op. cit.*
15. Sur ce point, cf. le livre de Charles Mopsik : *La Cabale*, collection « Ouverture », J. Grancher éditeur, 1988.
16. Pour toutes ces idées, cf. G. Sholem, *Les Grands Courants*, *op. cit.* p. 277 et s.
17. Citation chère à André Néher : « La perfection de l'homme est sa perfectibilité. »
18. Parachat *Ki Tissa*, 12.
19. La théorie des cinq niveaux de l'âme se trouve déjà dans le *Midrach Rabba*, Genèse, 14, 9, mais sans cette configuration hiérarchique.
20. Moïse Zacuto, commentaire du *Zohar*, I, 78a ; cf. *Miqdach Melekh*, Amsterdam, 1750, fol. 132a.
21. Nous pensons essentiellement aux voyages de Rabbi Nahman de Braslav et du Baal Chem Tov, cf. par exemple *Lire aux éclats*, *op. cit.*, p. 340 et s.
22. *Le Messianisme juif*, *op. cit.*, p. 101.
23. H. Graëtz, *Histoire des juifs*, tome 5, p. 153 à 160, Paris, 1897, traduit en français par Moïse Bloch.
24. Cf. Sholem, *Sabbataï Tsvi*, Verdier, 1983, p. 99 et s.
25. Il était habituel de nommer les garçons nés le samedi du nom de Shabataï ou Shabtaï du mot Shabat c'est-à-dire samedi.
26. Sur la description exacte de la maladie, cf. Sholem, *Sabbataï Tsvi*, *op. cit.*, p. 137 et s.
27. On les appelle les *Doumeh*. Cf. Sholem, *Le Messianisme juif*, p. 219 à 247. On rencontrerait encore aujourd'hui des Doumeh en Turquie, cf. p. 147.
28. Sholem, *Le Messianisme juif*, *op. cit.*, p. 198 et s.
29. Sholem fait remarquer que les aphorismes ne diffèrent pas de ceux de nombreux maîtres hassidiques célèbres.
30. Toutes les citations sont de Sholem, *op. cit.*, p. 202 et s.
31. *La Voie du hassidisme*, *op. cit.*, p. 107 et s.
32. E. Wiesel, *Célébration hassidique*, Seuil, 1972, p. 22.
33. Cf. aussi Mandel, *op. cit.*, p. 115, et A.Z. Aescoly-Weintraub, *Le Hassidisme*, Geuthner, Paris, 1928.
34. Cf. Weiss, *Le Début de la floraison de la voie hassidique* ; en hébreu, revue *Tsion* 1951, n° 16, repris dans A. Rubinstein, chapitres dans *L'Enseignement hassidique et son histoire*, Jérusalem, 1978, éd. Merkaz Zalman Shazar.
35. Cf. Wiesel, *Contre la mélancolie*, Seuil, 1982.

Deuxième partie
Les chemins de la sagesse dansante du hassidisme

1. Cf. D. Sibony, *Jouissance du dire*, Grasset, 1985.
2. Exode, 13.
3. Cf. *Le Guide des égarés*, chap. 13 et s.
4. Rabbi Nahman de Braslav, *Liqouté Morahan*, I, 31.
5. La méthodologie hassidique rejoint ou est rejointe en cela par les formulations de l'herméneutique contemporaine. Cf. Gadamer, *Vérité et Méthode*, Seuil, 1976.
6. Rabbi Nahman de Braslav, *Sihot haran*, paragraphes 266 et 267. Nous intitulons ce texte « Le manifeste de Rabbi Nahman ».
7. Pierre Legendre, *L'Inestimable Objet de la transmission*, Fayard, 1985, p. 75.
8. *Ibid.*, p. 91.
9. *Liqouté Moharan*, I, 282.
10. C. Castoriadis, *Les Carrefours du labyrinthe*, Seuil, 1978, p. 21.
11. *Michna Avot.*
12. Legendre, *op. cit.*, p. 129.
13. M. Buber, *La Voie de l'homme selon l'enseignement hassidique*, p. 9, Cahier Hermès, 1968.
14. Levinas, *L'Au-delà du verset*, Minuit, p. 163.
15. Gadamer, *op. cit.*, p. 245.
16. Maïmonide, *Le Guide des égarés*, Verdier, 1980, p. 480.
17. *L'Au-delà du verset*, *op. cit.*, p. 141.
18. M. Blanchot, *L'Entretien infini*, Gallimard, p. 501.
19. Cf. M.-A. Ouaknin, *Le Livre brûlé*, Paris, 1986, p. 368.
20. Kierkegaard, *Buch des Richterers*, p. 130, cité par Jean Wahl, *Études kierkegaardiennes*, Vrin, 1974, p. 301.
21. *Ibid.*
22. Serge Vidermann, *Le Céleste et le Sublunaire*, PUF, 1977, p. 43 et s.
23. *Ibid.*, p. 44.
24. Pour de plus amples développements, cf. M.-A. Ouaknin, *Lire aux éclats, Éloge de la caresse*, Lieu commun, 1986, p. 129 et s.
25. Jankélévitch, *Quelque part dans l'inachevé*, Gallimard, 1978, p. 18 et 19.
26. Cette impossibilité de faire violence au texte est ce que nous nommons précisément la caresse.
27. Levinas, *Quatre Lectures talmudiques*, Minuit, 1968, p. 20.
28. *Ibid.*
29. Talmud Yoma, 54a; cf. aussi *Le Livre brûlé.*
30. Cf. mon livre : *Lire aux éclats*. Cf. ouverture, *Le Livre de la caresse.*
31. *Totalité et Infini*, p. 235 et s.
32. *Le Temps et l'Autre*, *ibid.*
33. Gadamer, *Vérité et Méthode*, Seuil, p. 189 et s.

34. H. Atlan, « Niveaux de signification et athéisme de l'écriture », in *La Bible au présent*, « Idées », Gallimard, 1982, p. 86.
35. Gadamer, *ibid.*
36. *Ibid.*
37. H. Atlan, *op. cit.*, p. 86.
38. H. Atlan, *ibid.*
39. J.-L. Marion, *L'Idole et la Distance*, Grasset, 1977, p. 24.
40. *Ibid.*, p. 24 et 25, cf. aussi *Liqouté Moharan*, I, 63.
41. David Banon, *La Lecture infinie*, Seuil, 1987.
42. Nombres 10, 33-34.
43. Cf. Tossefot sur Talmud, Chabbat, 115 a.
44. *Tsafnat Panéah al hatora*, sur Nombres, 10, 34-35.
45. Traité Chabbat, 115 oo.
46. Bachelard, *La Poétique de l'espace*, PUF, 1957, p. 139.
47. *Ibid.*, p. 138.
48. J. Baudrillard, *L'Échange symbolique et la Mort*, Gallimard, 1975, p. 290.
49. Cf. Psaume 108.
50. Par exemple, ici, la traduction de Chouraqui.
51. *Liqouté Moharan*, I, 19, 9.
52. Cf. *Le Livre brûlé*, chap. « Érotisme et transcendance ». Cf. aussi *Méditations érotiques*, Balland, 1992.
53. Cf. le traité *Quidouchin*, 72a.
54. Le *Beth Hamidrach* est une salle qui peut abriter jusqu'à huit cents étudiants en même temps (s'exprimant tous à haute voix !) ; pour l'ambiance du *Beth Hamidrach* : le film *Yentl*, qui a su restituer admirablement la vie de la maison d'étude ; les magnifiques photos de F. Brenner, Jérusalem, *Instants d'éternité*, Denoël, 1984, par ex., p. 56, 57, 59, 66, 67, 81, 88 ; *La Danse des fidèles*, photos de L. Fredd, Chêne, 1984, p. 27, 28, 30 ; *L'Élu* de Chaïm Potok, Calmann-Lévy.
55. Cf. H. Marcuse, *L'Homme unidimensionnel*, Éditions de Minuit, 1968 ; les titres des chapitres sont assez éloquents : « L'engourdissement de la critique : une société sans opposition » (Introduction), « L'Univers du discours clos » (chap. 4). Cf. aussi R. Debray, *op. cit.*, p. 205 et s., le chap. « L'impératif d'appartenance » qui débute ainsi : « Notre hypothèse : partout où s'ébranle un nous, il n'y a plus "idéologie" ; quand on ne peut plus dire nous, il n'y a plus "idéologie". »
56. La pensée juive n'est pas monolithique. Par ex. : *Mahloquèt Hillel véChamaï*, qui est la plus célèbre du Talmud, entre les « écoles de pensée » d'Hillel et de Chamaï.
57. Levinas, *De Dieu qui vient à l'idée*, Vrin, 1982.
58. *Elou véélou drivé Elohim hayyim.*
59. E. Levinas, *De Dieu...*, p. 130, 215 et s. En fait, une grande partie de ce livre de Levinas développe cette problématique.
60. *Ibid.*
61. Cité par André Néher dans *Le Puits de l'exil*, Albin Michel, 1966.
62. Qui n'est pas « manuel », se refusant à la main, à la prise du « comprendre » et du saisir.
63. A ce sujet, cf. Levinas, *Autrement qu'être...*, Nijhoff, 1974.

64. Voir *Baba Metsia*, 84a, à propos des polémiques entre R. Yohanan et Rech Laquich.
65. Levinas, *De Dieu...*, p. 211 et s.
66. F. Collin, *Maurice Blanchot et la question de l'écriture*, Gallimard, 1974, p. 95.
67. On pourra d'ailleurs remarquer que les titres de ces dialogues sont des noms propres uniques : Ménon, Cratyle, Protagoras, Gorgias, etc.
68. Levinas, *op. cit.*, p. 215.
69. *Ibid.*, p. 215.
70. Cf., en contrepoint, Heidegger, *Qu'est-ce qu'une chose ?*, Gallimard, 1971, p. 81 et s.
71. Cité par K. Jaspers *in Niestzsche*, Gallimard-Tel, p. 189. La thèse fondamentale de Nietzsche est que tout être est être interprété : « Il n'existe pas de chose en soi, pas d'événement en soi, pas de connaissance absolue, l'illusion perspectiviste le propre de l'existence » (*ibid.*, p. 291).

Ainsi, la connaissance est-elle interprétation, acte de mettre un sens, non une explication : « Il n'y a pas de situation de fait, tout est fluent, insaisissable, fuyant l'atteinte » (*ibid.*, p. 292).
72. M. Blanchot, *L'Entretien infini*, Gallimard, 1969, p. 13 et 14. Cf. à propos de ce passage Levinas, *De Dieu...*, *op.cit.*, p. 136 : « ...Quand on veut parler de la question recherche et désir... »
73. *Liqouté Moharan*, I, 64.
74. M. Blanchot, *op. cit.*, p. 8, pas de synthèse hégélienne, pas de dialectique, mais une hyperdialectique, Cf. Merleau-Ponty, *Le Visible et l'Invisible*, Gallimard, p. 175 ; et J. Weiss, *Studies in Braslav Hassidism*, Jérusalem, 1974, chap. 8, « La question dans la pensée de Rabbi Nahman ».
75. *Pirqué Avot.*
76. *Liqouté Moharan*, *ibid.* Cf. aussi la première partie du *Livre brûlé.*
77. M. Blanchot, *op. cit.*, p. 15.
78. *Ibid.*, p. 14.
79. *Ibid.*, p. 16.
80. Gadamer, *Vérité et Méthode*, Seuil, 1976, p. 208.
81. Sur l'étonnement en philosophie : Platon, *Théétête*, 115d ; Aristote, *Métaphysique*, 982b ; 11 : Schopenhauer disait : « Avoir l'esprit philosophique, c'est être capable de s'étonner des événements habituels et des choses de tous les jours... Plus un homme est inférieur par l'intelligence, moins l'existence a pour lui de mystère. Toute chose paraît porter en elle-même l'explication de son comment et de son pourquoi. » *Le Monde comme volonté...*, chap. 17 des « Suppléments », Alcan, tome II, p. 294 et s.
82. Heidegger, *Qu'appelle-t-on penser ?*, PUF, 1973, p. 141.
83. E. Fink, *De la phénoménologie*, Éd. de Minuit, 1974, p. 212.
84. Heidegger emploie la formule suivante : « L'être-là est son passé », *L'Être et le Temps*, Gallimard, 1964, p. 36. *Ibid.*, p. 37 et 38.
85. Fink, *op. cit.*, p. 203.
86. C'est le terme utilisé par Heidegger, *op. cit.*, p. 39 (*Destrucktion* en allemand). Rabbi Tsadoq Hakohen de Lublin (*Péri Tsadiq*, sur « Ki Tavo », par. 9) parle de *Bitoul*, d'« annulation ».
87. Fink, *op. cit.*, p. 203 (c'est nous qui soulignons).

88. Erouvin, 54 b.
89. Tanhouma sur « Ki Tavo », 1.
90. Rabbi Yéhouda Arié Lev de Gour.
91. Deutéronome, 1, 3.
92. Le mot *otam* étant défectif — sans *vav* — il peut se lire *atèm*, c'est-à-dire « vous ».
93. Qui est en fait la traduction de *Hokhma* (la sagesse). *Koah-Ma* (« la faculté de dire : quoi ? »).
94. La traditionalité. Citation extraite de Fink, *op. cit.*
95. A ce sujet, cf. Rabbi Nahman de Braslav, cité par Rabbi Natan de Némirov in « Paroles » *(Sihot Haran)*, n° 266 de l'édition ponctuée, 1982 et n° 153 ; aussi *Liqouté Moharan*, II, 78.

Peu de temps avant sa mort Rabbi Nahman de Braslav s'adressa à ses disciples : « Pourquoi venir à moi ? Voici que maintenant je ne sais rien [*halo ani éni yodéa ata klall*]. Lorsque je vous transmets un enseignement, je comprends que vous veniez à moi, mais pourquoi venez-vous maintenant ? Pourtant, je ne sais rien, je suis totalement simple et indigent... » Il répéta à plusieurs reprises, sincèrement, qu'il ne savait rien... Alors, il commença à parler et à enseigner. A retenir aussi cette admirable phrase de Rabbi Nahman qui pourrait résumer toute l'attitude questionnante : « Il est interdit d'être vieux... », *Liqouté Halakhot*, « Orah Hayim », « Hilkhot Téfilin », 5, 7. *Tsarikh leathil bekhol paam méhadach* : « Il faut recommencer, à chaque fois, à nouveau... »

Troisième partie
Corps et graphie

1. Cf. Moshe Idel, *L'Expérience mystique d'A. Aboulafia*, Le Cerf, 1991.
2. Cf. Wolfan Jacob, « Être et maladie », in *Psychiatrie et Existence*, Millon, 1991, p. 261 : « Il nous est parfois donné d'observer la métamorphose intérieure qui se produit chez un malade lorsqu'il commence à découvrir qu'il peut s'exprimer lui-même par le biais d'une activité artistique et qu'il peut en éprouver de la joie. Cette transformation traduit parfois le fait que la maladie en tant que crise est surmontée. Ce n'est pas d'un retour à l'ancien état de santé qu'il s'agit alors, mais de l'expérience d'une nouvelle santé, d'un nouveau mode d'existence qui donne peut-être à la vie tout son sens. »
3. Cf. Rabbi Nahman de Braslav, *Liqouté Moharan*, Ire partie, section 22, 9-10 (en abréviation L.M.I., 22, 9, 10).
4. Cf. R. Misrahi, *Traité du bonheur*, Seuil, 1981.
5. L.M.I., 24.
6. *Ibid.*
7. L.M.I., 24. *C'est le sens de l'aphorisme de Claude Vigée, « je danse donc je suis » qui fait le titre de ce paragraphe.*
8. L.M.I., 65.

9. L.M.II., 24.
10. *Ibid.*
11. *Op. cit.*
12. *Ibid.*
13. Talmud, traité *Chabbat* 104a et b., cf. notre article dans la revue *Sillages* n° 5, 1981, Jérusalem ; cf. aussi Claude Vigée in *La Manne et la Rosée*, Desclée de Brouwer, 1986, p. 101.
14. A prononcer *Ayin*. Cf. A. Safran, *La Cabale*, 1979, Payot, p. 288. Les références au *Zohar* sont données dans *Le Récit de la disparue*, Gallimard, 1977, de Shmuel Trigano qui a développé ce thème de manière très approfondie. En hébreu, le mot *Ani* ou *Oniya* (hapax dans le livre de *Jonas*) signifie le « bateau ». Il semble qu'il y a là une voie importante pour interpréter le livre de *Jonas*.
15. L. Ferry et A. Renaut, *Heidegger et les Modernes*, Grasset, 1988, p. 15-16. Nous reprenons ici l'essentiel de leurs développements.
16. Il y a ici une réflexion sous-jacente à l'interdit de la représentation dans le judaïsme : l'image interdite est celle qui arrête le temps, où la diachronie du temps se transforme en synchronie, où le dire se transforme en dit. Cf. *Avoda zara* 42b-43a et *Roch-Hachana* 24a et b ; cf. aussi Maïmonide, *Sefer Hamada, Hilkhot Avoda zara* 3, 9-10-11. Cf. aussi *Yoré Déa* 141, 4 ; cf. aussi Colloque de Montpellier 1981, *L'Interdit de la représentation*, Seuil, 1984.
17. L.M.I., 172.
18. Cf. *Concerto pour 4 consonnes sans voyelles*, p. 121 et s. sur le rite.
19. Pour cette approche de l'« analyse », nous suivons ici les textes de Nicolas Abraham, *L'Écorce et le Noyau*, Flammarion, 1987, Pierre Fédida, *L'Absence*, Gallimard, 1978, et Daniel Sibony, *La Juive* et *Jouissance du dire*, Grasset, 1983 et 1985.
20. Traduction des Septante. Cf. *La Bible d'Alexandrie*, Genèse, traduction française du texte grec des Septante, introduction et notes par Marguerite Harl, Le Cerf, 1986, p. 128 et s.
21. Genèse, 6, 14 et s.
22. Exode, 25, 10.
23. Talmud de Babylone, *Ménahot* 30b.
24. Cf. *Séfer Baal Chem Tov*, anthologie commentée de Rabbi Chimon Ménahem Mendel de Govorotchov (commentaire intitulé *Méqor Mayim Hayim*, p. 122 et s.).
25. Selon nos analyses qui parcourent cet ouvrage, cela signifie essentiellement la perte de pouvoir dire le réel, provoquée par le décalage entre un monde en mouvement et un langage qui s'est cristallisé en une signification unique. La dimension plurielle, c'est-à-dire d'abord la dimension dynamique.
26. Chaque lettre s'écrit avec trois consonnes. Exemple : *alèph — alèph-lamèd-pé.*
27. Cf. *Quédouchat Lévi* (« La Sainteté de Lévi »), en hébreu, Jérusalem, 1958, p. 11 : *vétéva hou hadibbour.*
28. Sur ce rapport au langage, cf. Merleau-Ponty, *La Phénoménologie de la perception*, p. 229 et s.
29. Cf. E. Levinas, *Autrement qu'être...*, p. 6, 39 et 47 essentiellement.
30. Cf. *La Phénoménologie...*, p. 229 et s.

31. Cf. *Béréchit Rabba*, péricope *Noah* (Noé).
32. Cf. *Vayiqra Rabba*, 16. Cf. aussi les commentaires de Rabbi Nahman de Braslav, in *Liqouté Moharan* I, 3.
33. Ici aussi, nous retrouvons l'enjeu essentiel de la Cabale, celui de l'accord des vibrations du réel et du langage. Le but de la méthode cabaliste est de maintenir le « rythme » dans le langage, afin que les objets du monde et l'homme lui-même continuent à être dans le mouvement dynamique de la vie. C'est cela que signifie l'oiseau comme « bouche dans le rocher » et comme « possibilité combinatoire : *tsérouf* ».
34. En hébreu, *milone* provient du mot *mila* qui signifie à la fois « mot » et « circoncision ».
35. Nous avons ici une forme plus rare : il est écrit *Vayomèr... lémor* au lieu du traditionnel *Vayedabère... lémor.*
36. Le mot hébraïque est *kanaf*, qui signifie à la fois l'« extrémité », comme dans *kanaf haarets*, « les confins de la terre » (Isaïe, 24, 16), et l'« aile » d'oiseau (Exode, 19, 4). L'intertextualité extrémité/aile d'oiseau est indéniable. Cf. Psaume 148, 10 ou Ézéchiel, 39, 17 et surtout Zacharie, 8, 23.
37. Etymologiquement, le *talit* signifie « petite rosée », du mot *tal*, « rosée ».
38. Cf. la section sur la *Paracha Béréchit.*
39. Cf. Michel Henry, *Voir l'invisible*, sur Kandinsky, F. Bourin, 1988.
40. *Op. cit.*
41. Cf. *Chaaré ora, Les Portes de la lumière*, Jérusalem, 1960, p. 18.
42. Guinat Egoz, *Le Jardin des noix*, Jérusalem, 1989, p. 103 et 104 (édition Attia M.).
43. *Ibid.*, p. 103.
44. Cf. L.M.I., 64.
45. Cf. commentaire sur la Tora.
46. Cf. Talmud Babli, quidouchin 70a.
47. Méthode que nous avons nommée « Lire aux éclats ».
48. L'idée fondamentale qui est à l'origine de ces déploiements reste la mise en mouvement du langage, le rythme.
49. Cf. R. Hayim Vital et R. I. Louria, *Ets-Hayim*. Ces différents déploiements se rencontrent chez des auteurs antérieurs mais ils ont été systématisés par l'école de Louria.
50. Pour les valeurs numériques des lettres cf. plus haut, chapitre IX.
51. Il ne faut pas confondre le *chem av* qui est le Tétragramme déployé et offrant la valeur numérique de 72, avec le Nom de 72 Noms (216 lettres) inscrits dans les versets 19, 20, 21 du chap. 11 de l'Exode composés chacun de 72 lettres et se combinant pour former 72 Noms de trois lettres chacun ; cf. *Zohar*, péricope *Béchalah*, 52b. Selon le Talmud, *Baba Batra* 14a : « Les Tables de la Loi étaient chacune de 6 *téfahim* (environ 60 cm) de long, 6 *téfahim* de large et 3 *téfahim* d'épaisseur. » Ce qui fait : 6 × 6 = 36 *téfahim* de surface pour chacune et 72 pour les deux, 108 (6 × 6 × 3) de volume et 216 pour les deux, qui nous renvoient aux 72 Noms et 216 lettres. Il faudrait ainsi réfléchir au rapport Nom/surface et lettres/volume...

Le *Ets-Hayim*, p. 170 et 171, explique que les déploiements tels que nous les désignons ici ne sont pour chaque Nom qu'une des 12 possibilités de perception du Nom. Il est important de comprendre que s'arrêter à une seule valeur numérique est réducteur et appauvrissant.

52. Le mot *ma* signifie « quoi ? ». *Ma*-45 est aussi la valeur du mot *Adam*, ce qui entraîne pour les cabalistes de nombreuses réflexions sur l'homme et Dieu comme question et questionnement. Cf. Deuxième mouvement, chap. XII et XIII.

53. Le mot *ben* signifie le « fils ». Au fil de nos lectures, nous avons rencontré un texte intéressant de Derrida non sans rapport avec le nom de *ben* ; cf. J. Derrida, *La Carte postale ; de Socrate à Freud et au-delà*, Aubier-Flammarion, 1980, Ire parie.

54. Selon Deutéronome, 6, 9 et Deutéronome, 11, 20. Le même verset est repris ; dans le premier passage *mézouzot* s'écrit *mèm-zayin-zayin-vav-tav* et, dans le second, *mèm-zayin-vav-zayin-vav-tav* ; cf. *Tiqouné Zohar* n° 10, 25a, p. 263 dans l'édition *Hassoulam* du Rav Ashlag, 1960 : « Et voici le sens profond de la *mézouza* : il faut lire *mézouzot* comme *zaz mavèt*, c'est-à-dire : "Que la mort s'en aille !" »

55. Deutéronome, 6, 4-9 et Deutéronome, 11, 13-21.

56. Sur le Nom *Chadaï (chin-dalèt-yod)*, cf. *Le Livre brûlé...* (l'étude « Érotisme et transcendance ») et *Lire aux éclats...* Gikattila apporte une précision d'une extrême importance : il fait remarquer que le mot *Chem* (Nom) est le produit des Noms Y-H-V-H et CH-D-Y. En effet, en valeur numérique, le Nom-*Chem* (*chin-mem* : 300 + 40) est équivalent à Y-H-V-H (26) + CH-D-Y (314). Il n'y aurait de Nom que par la combinaison des deux Noms Y-H-V-H et CH-D-Y (*Guinat Egoz*, p. 106 et s.).

57. C'est-à-dire qu'il y a la mise en mouvement de trois Noms : YHVH *Eloheynou* YHVH. YHVH → *kouzou* (KVZV) et *Eloheynou* → BMVKHSZ (qu'on peut lire *Bémoukhsaz*, écrits à l'envers de la manière suivante) :

KOUZOU B... KOUZOU

58. C'est le but du rituel de la fête des Tabernacles pendant laquelle les juifs construisent des habitations provisoires *(soukkot)* qui doivent faire ressentir, pendant sept jours, la précarité de l'habitation, assurée d'ordinaire dans sa solidité, et la nécessité d'être toujours prêts au voyage.

59. Cf. *Guinat Egoz*, p. 20 et s.

60. Cette appellation évite, selon la Tradition, de transgresser le troisième commandement (cf. Exode, 20, 7 : « Tu ne prononceras pas le Nom Tétragramme en vain. ») Le mot *Havaya* signifie en soi l'« existence » et il est l'anagramme du Tétragramme Y-H-V-H.

61. Le Nom écrit et le Nom dit procèdent du même principe herméneutique : le texte doit toujours être commenté et ne peut rester dans son sens littéral seul, sous peine de situations mortifères ; cf. Talmud de Babylone, *Haguiga* 14b, le célèbre texte concernant les quatres maîtres du Talmud ayant pénétré dans le « paradis » du sens où le premier, Ben Azaï, meurt par le fait de rester au niveau littéral *(pchat)*. Mais il faut peut-être dire que c'est la dualité des Noms divins qui est le fonde-

ment de l'herméneutique : le refus d'enfermer l'Être dans un mot définitif le situe dans l'ineffabilité et dans la nécessité originelle de donner un Nom au Nom.

62. Cf.*Guinat Egoz*, p. 91 ; cf. aussi Jérémie, 7, 4, surprenant verset où l'expression *Hékhal* YHVH est répétée trois fois. Dans la problématique du « Nom en mouvement », il est important de noter que le mot *Hékhal* est le produit de YHVH-KVZV (26 + 39 = 65) ou encore de YHVH-YHVH-EHAD (26 + 26 + 13 = 65), du verset *Chéma Israël YHVH Elohénou, YHVH Ehad*. Ce qui revient à la même idée puisque « Dieu est Un » (YHVH EHD) est le KVZV = 39. L'unité ne signifie pas l'état statique mais un mouvement.

63. Cf. *Guinat Egoz*, p. 92.

64. *Ibid.*

65. Cité par Idel, *L'Expérience mystique d'Abraham Aboulafia*, *op. cit.*

66. *Ibid.*

67. G. Sholem, *Les Grands Courants de la mystique juive*, *op. cit.*.

68. Cf. par exemple, R. Dov. Baer de Loubavitch, *Traité sur l'extase*, Fayard.

69. Cf. A. Van Lysbeth, *Ma séance de yoga*, Flammarion, 1977.

70. *Ibid.*

71. Cf M. Idel, *op. cit.*

Bibliographie

ABECASSIS A. *La Pensée juive*, 2 vol., Le Livre de Poche, 1987.
La Lumière dans la pensée juive, Berg International, 1988.
« Le Midrach entre mythos et logos », *in Pensée juive et philosophie*, P.U.F., 1988.
ABOULAFIA A. *L'Épître des sept voies*, éditions de l'Éclat, 1985.
ABRAHAM N. *L'Écorce et le noyau*, Aubier-Flammarion, 1978.
Jonas, Aubier-Flammarion, 1981.
Rythmes, Flammarion, 1985.
ADORNO T. *Prismes*, Payot, 1986.
Trois études sur Hegel, Payot, 1979.
Minima moralia, Payot, 1983.
Modèles critiques, Payot, 1984.
Jargon de l'authenticité, Payot, 1989.
La Dialectique de la Raison, Gallimard, 1974.
AMADO LÉVY-VALENSI E. *Les Niveaux de l'être, la connaissance et le mal*, P.U.F., 1963.
Le Dialogue psychanalytique, P.U.F., 1963.
Le Temps dans la vie psychologique, Flammarion, 1965.
La Communication, P.U.F., 1967.
La Racine et la source, éd. Zikarone, 1968.
Le Temps dans la vie morale, Vrin, 1968.
ANTELME R. *L'Espèce humaine*, Gallimard, 1957.
ARENDT H. *La Condition de l'homme moderne*, Calmann-Lévy, 1961.
ATLAN H. *Entre le cristal et la fumée*, Seuil, 1979.
« Niveaux de signification et athéisme de l'écriture », in *La Bible au présent*, Idées-Gallimard, 1982.
« État et religion dans la pensée politique du Rav Kook », in *Israël, le judaïsme et l'Europe*, Idées-Gallimard, 1984.
A tort et à raison, Seuil, 1986.
« Créativité biologique et auto-création du sens », *in Création et Créativité*, éditions Castella, 1986.
« Une mystique du langage aux origines de la science : continuité et rupture », in *Symbiose des cultures juive et française*, éd. de la Fondation européenne des arts et de la culture, 1988.
AUSTIN J.-L. *Quand dire, c'est faire*, Seuil, 1970.

BACHELARD G. *La Poétique de l'espace*, P.U.F., 1957.
La Philosophie du non, P.U.F., 1940
L'Être et l'Événement, Seuil, 1988.
BALMARY M. *Le Sacrifice interdit*, Grasset, 1986.
BANON D. *La Lecture infinie*, Seuil, 1987.
BARTHES R. *Le Degré zéro de l'écriture*, Points-Seuil, 1972.
L'Empire des signes, Skira, 1970.
Le Plaisir du texte, Points-Seuil, 1973.
Le Grain de la voix, Seuil, 1981.
BAUDRILLARD J. *L'Échange symbolique et la mort*, Gallimard, 1976.
La Transparence du mal. Essai sur les phénomènes extrêmes, Galilée, 1990.
La Séduction, Gallimard, 1988.
BAUMGARTEN J. *Commentaires sur la Tora*, de Rabbi de Janov. *Tsééna ouréna*, traduit du yiddish, Verdier, 1987.
BENAMOZEGH E. *Israël et l'humanité*, Albin Michel, 1961.
BERDIAEFF N. *Cinq Méditations sur l'existence*, Aubier-Montaigne, 1936.
Le Sens de la création, Desclée de Brouwer, 1955.
BERESNIAK D. *La Kabbale vivante*, éditions Trédaniel, 1988.
BERGSON H. *La Pensée et le Mouvant*, P.U.F., 91e édition, 1975.
BINSVANGER L. *Analyse existentielle et psychanalyse freudienne*, Gallimard, 1970.
Mélancolie et manie, P.U.F., 1987.
Le Cas S. Urban, éditions Gérard Montfort, 1988.
BLANCHOT M. *L'Espace littéraire*, Gallimard, 1955.
Le Livre à venir, Gallimard, 1955.
L'Entretien infini, Gallimard, 1969.
Le Pas au-delà, Gallimard, 1973.
L'Écriture du désastre, Gallimard, 1980.
De Kafka à Kafka, Idées-Gallimard, 1981.
La Communauté inavouable, Minuit, 1983.
BLOCH E. *L'Athéisme dans le christianisme*, Gallimard, 1978.
Experimentum Mundi, Gallimard, 1978.
L'Esprit de l'utopie, Gallimard, 1977.
BOCHURBERG C.
Jeux de mains, jeux de vie, éditions Seuil, en collaboration avec Edmonde Morin, 1983.
Mémoire et vigilance, éditions le Liseré bleu, préface de Serge Klarsfeld, 1985.
Traitement ostéopathique des rhinites et sinusites chroniques, éditions Maloine, 1986.
Une approche ostéopathique de l'angoisse, éditions Maloine, 1988.
Brasillach ou la célébration du mépris, en collaboration avec Jacqueline Baldran, 1988.
A l'écoute infinie de la nuit, nouvelles, éditions l'Harmattan, en collaboration avec Jacqueline Baldran, 1990.
La Vieille Femme qui passait, éditions Bibliophane, 1991.
La Relation inachevée, essai, éditions l'Harmattan, 1991.
L'Histoire bafouée ou La Dérive relativiste, éditions l'Harmattan, avec la participation de Jacqueline Baldran, 1992.

Rubrique mémoire, A.J. Presse, 1992.
BOURDIEU P. *L'Ontologie politique de Martin Heidegger*, Minuit, 1988.
BREHIER E. *Histoire de la philosophie*, 3 vol., P.U.F., 1981.
BRUN J. *Héraclite ou le philosophe de l'Éternel retour*, Seghers, 1965.
Les Conquêtes de l'homme et la séparation ontologique, P.U.F., 1961.
Les Vagabonds de l'Occident. L'expérience du voyage et la prison du moi, Presses bibliques universitaires, 1976.
BUBER M. *Je et tu*, Aubier, 1957.
La Vie en dialogue, Aubier, 1964.
Les Récits hassidiques, éd. du Rocher, 1978.
Une terre et deux peuples, Lieu Commun, 1985.
Le Chemin de l'homme, éd. du Rocher, 1989.
Israël Land. Habitation of God, the Zionism of Rabbi Nahman.

CANETTI E. *Auto-da-fé*, Gallimard, 1968.
CASTORIADIS C. *L'Institution imaginaire de la société*, Seuil, 1975.
Les Carrefours du labyrinthe, Seuil, 1978.
Domaines de l'homme, Seuil, 1986.
CERTEAU (de) M. *L'Écriture de l'Histoire*, Gallimard, 1975.
La Fable mystique, Gallimard, 1982.
Histoire et psychanalyse, entre science et fiction, Folio-Gallimard, 1987.
CHALIER C. *Figures du féminin*. « Lecture d'Emmanuel Levinas », éditions La nuit surveillée, 1982.
Judaïsme et altérité, Verdier, 1982.
La Persévérance du mal, Cerf, 1987.
CHARCOSSET J.-P. *Merleau-Ponty, approches phénoménologiques*, Hachette, 1981.
CHERTOK L. *L'Hypnose*, Payot, 1965.
(En collaboration). *Le Cœur et la Raison : l'hypnose en question de Lavoisier à Lacan*, Payot, 1989.
CHESTOV L. *Athènes et Jérusalem*, Flammarion, 1967.
COLLIN F. *Maurice Blanchot et la question de l'écriture*, Gallimard.

DAN J. *Études sur la littérature des hassidim allemands* (en hébreu), Ramat-Gan, 1975.
DEBRAY R. *Critique de la raison politique*, Gallimard, 1985.
DELEUZE G. *Nietzsche et la philosophie*, P.U.F., 1962.
Différence et répétition, P.U.F., 1981.
Logique du sens, Minuit, 1969.
Proust et les signes, P.U.F., 6e édition, 1964.
Foucault, Minuit, 1986.
Le Pli, Minuit, 1988.
DELHOMME J. *La pensée et le réel*, P.U.F., 1967.
La Pensée interrogative, P.U.F., 1954.
Vie et conscience de la vie. Essai sur Bergson, P.U.F., 1954.
DERCZANSKI A. « Le judaïsme face à la modernité : l'imaginaire ou la norme : *Halakha ou Haggada* », in *Recherches de science religieuse*, 1975, tome 63, pp. 185-196.
« Itinéraire de Gershom Scholem », in *Recherches de science religieuse*, 1976, tome 64, pp. 271-284.

« Langue et religion : le yiddish. Note pour une théologie de la langue » in *Recherches de science religieuse*, 1978, tome 66, p. 617-622.
« La Révolution française : matrice du judaïsme moderne ? », in *Archives de sciences sociales et religieuses*, 1988, tome 66, pp. 113-124.
DERRIDA J. *L'Origine de la géométrie de Husserl* (introduction et traduction), P.U.F., 1962.
L'Écriture et la Différence, Seuil, 1967.
La Voix et le Phénomène, P.U.F., 1967.
De la grammatologie, Minuit, 1967.
La Dissémination, Seuil, 1972.
Marges. De la philosophie, Minuit, 1972.
Glas, Galilée, 1974.
La Carte postale, Aubier-Flammarion, 1980.
Psyché, invention de l'autre, Galilée, 1987.
De l'esprit. Heidegger et la question, Galilée, 1987.
DESCARTES R. *Œuvres complètes*, La Pléiade
DRAÏ R. *La Politique de l'inconscient*, Payot, 1979.
Le Pouvoir et la Parole, Payot, 1981.
La Sortie d'Égypte. L'invention de la liberté, Fayard, 1986.
Œil pour œil, le mythe de la loi du talion, éd. J. Clims, 1986.
La Traversée du désert. L'invention de la responsabilité, Fayard, 1989.
La Vocation prophétique, Fayard, 1990.
DUFRENNE M. *Le Poétique. Pour une philosophie non théologique*, P.U.F., 1973.

ECO U. *L'Œuvre ouverte*, Points-Seuil, 1979.
La Structure absente, Mercure de France, 1973.
EISENBERG J. *Une histoire du peuple juif*, Fayard, 1974.
En collaboration avec B. Gross :
Un messie nommé Joseph, Albin Michel, 1983.
En collaboration avec E. Wiesel :
Job ou Dieu dans la tempête, Fayard-Verdier, 1986.
En collaboration avec A. Steinsaltz :
Le Chandelier d'or, Verdier, 1988.
ELIADE M. *Images et Symboles*, Gallimard, 1952.

FEDIDA P. *L'Absence*, Gallimard, 1978.
FERRY L. *Philosophie politique*, I, P.U.F., 1984.
Philosophie politique, II, P.U.F., 1984.
FERRY L. et RENAUT A. *Philosophie politique*, III, P.U.F., 1985.
La Pensée 68, Gallimard, 1985.
68-86 : itinéraire de l'individu, Gallimard, 1987.
Heidegger et les modernes, Grasset, 1988.
Systèmes et Critique, Ousia, Bruxelles, 1985.
FINAS L. *Écart, essai sur J. Derrida* (en coll.), Fayard, 1973.
FINK E. *La Philosophie de Nietzsche*, Minuit, 1965.
De la phénoménologie, Minuit, 1974.
Le Jeu comme symbole du monde, Minuit, 1966.
FINKIELKRAUT A. *Le Juif imaginaire*, Seuil, 1979.

L'Avenir d'une négation, réflexion sur la question du génocide, Seuil, 1984.
La Sagesse de l'amour, Gallimard, 1985.
La Défaite de la pensée, Gallimard, 1987.
La Mémoire vaine, Gallimard, 1989.
FORTHOMME B. *Une philosophie de la transcendance*. « Sur Levinas », P.U.F., 1979.
FOUCAULT M. *Les Mots et les Choses*, Gallimard, 1966.
FUNKENSTEIN A. *Maïmonide. Nature, Histoire et messianisme*, Cerf, 1988.

GADAMER H.-G. *L'Art de comprendre*, Aubier, 1982.
Vérité et méthode, Seuil, 1976.
Qui suis-je et qui es-tu ?, Actes Sud, 1987.
GIKATILLA Y. *Chaaré Ora* (en hébreu), Varsovie, 1648.
Guinat Egoz (en hébreu), Jérusalem, 1989.
GLUCKSMANN A. *Les Maîtres penseurs*, Grasset, 1987.
Descartes, c'est la France, Grasset, 1987.
GOTTLIEB E. *Études sur la littérature de la Cabale* (en hébreu), éd. J. Hacker, Tel-Aviv, 1976.
GREEN A. *The Tormented Master*, University Press of Alabama, 1979.
GREISCH J. *Herméneutique et grammatologie*, C.N.R.S., 1977.
L'Age herméneutique de la raison, Cerf, 1985.
La Parole heureuse, Beauchesne, 1987.

HABERMAS J. *La Technique et la science comme idéologie*, Gallimard, 1973.
Profils philosophiques et politiques, Gallimard, 1974.
Le Discours philosophique de la modernité, Gallimard, 1988.
HADDAD G. *L'Enfant illégitime*, Hachette, 1980.
Manger le livre, Grasset, 1984.
Les Biblioclastes, Grasset, 1990.
HEGEL G.W.F. *La Phénoménologie de l'Esprit*, Aubier, 1941.
Précis de l'Encyclopédie, Vrin, 1978.
HEIDEGGER M. *L'Être et le Temps*, Gallimard, 1964.
Acheminement vers la Parole, Gallimard, 1976.
Essais et Conférences, Gallimard, 1954.
Qu'appelle-t-on penser ?, P.U.F., 1959.
Nietzsche, Gallimard, 1971.
La « Phénoménologie de l'esprit » de Heggel. « Introduction à la métaphysique », Tel-Gallimard, 1967.
Chemins qui ne mènent nulle part, Idées-Gallimard, 1962.
HENRY M. *L'Essence de la manifestation*, 2 vol., P.U.F., 1963.
Philosophie et phénoménologie du corps, P.U.F., 1965.
Généalogie de la psychanalyse, P.U.F., 1985.
La Barbarie, Grasset, 1987.
Voir l'invisible, éd. F. Bourin, 1988.
HESCHEL A.Y. *Les Bâtisseurs du temps*, Minuit, 1969.
Dieu en quête de l'homme, Seuil, 1968.
Le Tourment de la vérité, Cerf, 1976.

Theology of Ancient Judaism, 2 vol., Soncino Press, 1962.
HUSSERL E. *L'Origine de la géométrie*, P.U.F., 1962.
Méditations cartésiennes, Vrin, 1953.
Idées directrices pour une phénoménologie, Gallimard, 1969.

IDEL M. *Les Écrits et la Doctrine d'Abraham Aboulafia* (hébr.) thèse, Université hébraïque de Jérusalem, 1976.
« Abraham Aboulafia et le Pape » (hébr.) *in AJS Review*, vol. 7-8/1982-1983, pp. 1-17.
« Conception de la Tora dans la littérature des Palais et la Kabbale » (hébr.), in *Jerusalem Studies in Jewish Thought*, I : 1/1981, pp. 23-84.
« Sur l'histoire de l'interdiction d'étudier la Kabbale avant la 40e année » (hébr.), *in ASJ Review*, vol. 5/1980, p. 1-20.
« *Hitbodedout* comme concentration dans la Kabbale extatique » (hébr.), *in Da'at*, vol. 14/1985, pp. 35-82.
« Multiples Tora dans la Kabbale », *in Midrash and Literature* (éd.), G.H. Hartmann et S. Budick, New Haven et Londres, 1986, pp. 141-157.
« Questions sur la doctrine du *Séfer ha-Meshiv* » (hébr.), in *Sefunot*, 17/1983, pp. 185-266.
Kabbalah-New Perspectives (La Kabbale-Perspectives nouvelles), New Haven, 1987.
« Réception de la Kabbale dans la deuxième moitié du XVIIIe siècle » (à paraître).
L'Expérience mystique d'Abraham Aboulafia, Le Cerf, 1989.
IRIGARAY L. *L'Éthique de la différence sexuelle*, Minuit, 1984.
Parler n'est jamais neutre, Minuit, 1985.
Sexes et parentés, Minuit, 1987.

JABÈS E. *Je bâtis ma demeure*, Gallimard, 1975.
Le Livre des questions, Gallimard 1963.
Le Livre de Yukel, Gallimard, 1964.
Le Retour au livre, Gallimard, 1965.
Yaël, Gallimard, 1967.
Elya, Gallimard, 1969.
Aely, Gallimard, 1972.
El, ou le dernier livre, Gallimard, 1973.
Le Livre des ressemblances, Gallimard, 1976.
Le Soupçon de désert, Gallimard, 1978.
L'Ineffaçable, inaperçu, Gallimard 1980.
Ça suit son cours, Fata Morgana, 1975.
Récit, Fata Morgana, 1981.
Le Petit Livre de la subversion hors de soupçon, Gallimard, 1982.
Le Livre du dialogue, Gallimard, 1984.
Du désert au livre, Belfond, 1980.
Cahiers Obsidiane, consacrés à E. Jabès, n° 5, 1982.
Le Livre du partage, Gallimard, 1987.
Le Parcours, Gallimard, 1985.
Le Livre lu, en Israël, éd. Point Hors-Ligne, 1987.
Dans la double dépendance du dit, Fata Morgana, 1984.

JACQUES F. *Dialogiques, recherches sur le dialogue*, P.U.F., 1979.
JANKÉLÉVITCH W. *Quelque part dans l'inachevé*, Gallimard, 1978.
Le je ne sais quoi et le presque rien, P.U.F., 1957.
Bergson, P.U.F., 1959.
Sources, Seuil, 1984.
Livraison de janvier 1989 de *Critique*, consacrée à W. Jankélévitch.
JASPERS K. *Philosophie*, Springer Verlag, 1986.
Nietzsche, Gallimard, 1950.

KAFKA F. *Œuvres complètes*, La Pléiade.
KANDINSKY W. *Regards sur le passé et autres textes, 1912-1922*, Hermann, 1974.
KAPLAN A. *Meditation and Kabbalah*, Samuel Weiser éd., 1985.
KAUFMANN P. *L'Expérience émotionnelle de l'espace*, Vrin, 1969.
KIRSCH J. *The Story of the Seven Beggars. A Contribution to the Understanding of Jewish Psychology*, Los Angeles, 1949.
KOFMAN S. *Écart, essai sur Jacques Derrida* (en coll.), Fayard, 1973.
Nietzsche et la métaphore, Payot, 1972.
Lectures de Derrida, Galilée, 1984.
Pourquoi rit-on ? Galilée, 1986.
Paroles suffoquées, Galilée, 1987.
Socrate(s), Galilée, 1989.
KOJEVE A. *Introduction à la lecture de Hegel*, Gallimard, 1947.
KRISTEVA J. *Sémiotiké*, Seuil, 1968.
Révolution du langage poétique, Seuil, 1973.
Étrangers à nous-mêmes, Fayard, 1988.
KUNDERA M. *L'Art du roman*, Gallimard, 1986.

LACAN J. *Écrits*, Seuil, 1966.
L'Éthique de la psychanalyse, Seuil, 1986.
LAPORTE R. *La Veille*, Gallimard, 1963.
Une voix de fin silence, II, « Pourquoi ? », Gallimard, 1967.
Fugue, Gallimard, 1970.
Fugue, supplément, Gallimard, 1973.
Quinze variations sur un thème biographique, Flammarion, 1975.
Fugue 3, Flammarion, 1974.
Digraphe n°s 18-19, Flammarion, 1979.
LARUELLE F. « Projet d'une philosophie du Livre » *in Cahiers Obsidiane*, n°5, 1982.
Les Philosophies de la différence, P.U.F., 1986.
LEGENDRE P. *L'Amour du censeur*, Seuil, 1974.
Jouir du pouvoir, Minuit, 1976.
La Passion d'être autre. Étude pour la danse, Seuil, 1978.
Leçons II. L'Empire de la vérité, Fayard, 1983.
Leçons IV. L'Inestimable objet de la transmission, Fayard, 1985.
Leçons VII. Le Désir politique de Dieu, Fayard, 1989.
LEVESQUE C. *L'Étrangeté du texte. Essai sur Nietzsche, Freud, Blanchot et Derrida*, 10-18, n° 1256, 1978.
LEVINAS E. *De l'existence à l'existant*, Vrin, 1947.
En découvrant l'existence avec Husserl et Heidegger, Vrin, 1974.

Totalité et Infini, « Essai sur l'extériorité », Nijhoff, La Haye, 1961.
Difficile liberté, Albin Michel, 1963.
Quatre lectures talmudiques, Minuit, 1968.
Humanisme de l'autre homme, Fata Morgana, 1972.
Autrement qu'être, ou au-delà de l'essence, Nijhoff, 1974.
Sur Maurice Blanchot, Fata Morgana, 1975.
Noms propres, Fata Morgana, 1975.
Du sacré au saint, Minuit, 1977.
Le Temps et l'autre, Fata Morgana, 1979.
L'Au-delà du verset, Minuit, 1982.
De Dieu qui vient à l'idée, Vrin, 1982.
Éthique et infini, Fayard, 1982.
De l'évasion, Fata Morgana, 1982.
Transcendance et intelligibilité, Labor et Fides, 1982.
Cahiers Emmanuel Levinas, Verdier, 1984.
Recueils des Colloques des intellectuels juifs de France, P.U.F., et Idées-Gallimard.
A l'heure des nations, Minuit, 1988.
Hors sujet, Fata Morgana, 1987.
LEVY B.H. *Le Testament de Dieu*, Grasset, 1979.
LINDON J. *Jonas*, Minuit, 1955.
LYOTARD J.-F. *Le Différend*, Minuit, 1983.
Heidegger et les juifs, Galilée, 1988.

MAÏMONIDE, *Le Guide des égarés*, 3 vol. Maisonneuve, 1959.
MALKA S. *Lire Lévinas*, Cerf, 1984.
MALKA V. *Le Judaïsme, hier-demain* (en coll.), Buchet-Chastel, 1977.
Le Dur Bonheur d'être juif (avec André Néher), Le Centurion, 1978.
MANDEL A. *La Voie du hassidisme*, Calmann-Lévy, 1963.
Le Petit Livre de la sagesse populaire juive, Albin Michel.
La Vie quotidienne des juifs hassidiques, Hachette-Littérature, 1974.
Nous autres, juifs, Hachette-Littérature.
Un apprentissage hassidique, Mazarine.
Le Messie est en retard, Desclée de Brouwer, 1988.
MARCUSE H. *Éros et civilisation*, Minuit, 1963.
L'Homme unidimensionnel, Minuit, 1968.
Raison et Révolution, Minuit, 1968.
Culture et Société, Minuit, 1970.
L'Ontologie de Hegel, Minuit, 1972.
Vers la libération, Minuit, 1969.
MARION J.-L. *L'Idole et la Distance*, Grasset, 1977.
Dieu sans l'être, Fayard, 1982.
MERLEAU-PONTY M. *Phénoménologie de la perception*, Gallimard, 1945.
Signes, Gallimard, 1960.
Le Visible et l'Invisible, Gallimard, 1964.
La Prose du monde, Gallimard, 1969.
MESCHONNIC H. *Les Cinq Rouleaux*, Gallimard, 1970.
Critique du rythme, Verdier, 1983
Jona, Gallimard, 1985.

Modernité, modernité, Verdier, 1988.
Le Langage Heidegger, P.U.F , 1990.
MEYER M. *De la problématologie*, Mardaga, 1986.
MOPSIK C. *Le Zohar*, introduction, traduction et annotations, tomes I et II, Verdier, 1981 et 1984.
Le Zohar sur le livre de Ruth, introduction, traduction et annotations, Verdier, 1987.
Le Palmier de Débora (de Rabbi Moïse Cordovéro), introduction, traduction et annotations, Verdier, 1985.
Lettre sur la sainteté. Le secret de la relation entre l'homme et la femme dans la Cabale, étude préliminaire, traduction et annotations, Verdier, 1986.
La Cabale, éd. J. Grancher, 1988.
MOSES S. « La critique de la totalité dans la philosophie de Franz Rosenzweig », in *Les Études philosophiques*, 1976.
« Politique et religion chez Franz Rosenzweig », in *Politique et religion*, actes du vingtième Colloque des intellectuels juifs de langue française, Idées-Gallimard, 1982.
« Franz Rosenzweig, L'étoile de la Rédemption », in *Le Débat* n° 13, juin 1981.
« Révélation et dialogue chez Franz Rosenzweig », in *Revue des sciences philosophiques et théologiques*, 1977.
Système et Révélation. La philosophie de Franz Rosenzweig, Le Seuil, 1982.
« La pointe d'Enoch. L'art et l'idole selon les sources juives », in *Idoles*, Denoël, 1985.

NAOURI A. *L'Enfant porté*, Seuil, 1982.
Une place pour le père, Seuil, 1985.
Parier sur l'enfant, Seuil, 1988.
« La bouche de l'enfant », *in Psychosomatique* n° 15, 1988.
NEHER A. *Amos, contribution à l'étude du prophétisme*, Vrin, 1980.
Notes sur Qohélét, l'Ecclésiaste, Minuit, 1951.
L'Essence du prophétisme, Calmann-Lévy, 1983.
Moïse et la vocation juive, Seuil, 1980.
Jérémie, Stock, 1980.
L'Existence juive, solitude et affrontements, Seuil, 1985.
Histoire biblique du peuple d'Israël (avec Renée Neher), Maisonneuve, 1982.
La Conscience juive, actes des Colloques d'intellectuels juifs de langue française, avec E. Amado Lévy-Valensi et J. Halpérin, 4 vol., P.U.F., 1963-1972.
Le Puits de l'exil, la théologie dialectique du Maharal de Prague, Albin Michel, 1966.
Étincelles (avec A. Epstein et E. Sebban), Albin Michel, 1970.
L'Exil de la parole. Du silence biblique au silence d'Auschwitz, Seuil, 1980.
Le Judaïsme, hier-demain (avec R. Aron et V. Malka), Buchet-Chastel, 1977.

Clefs pour le judaïsme, Seghers, 1977.
Le Dur Bonheur d'être juif (avec V. Malka), Le Centurion, 1978.
Ils ont refait leur âme, Stock, 1979.
« Pensée biblique et non-philosophie », in *Les Études philosophiques*, 1984.
Regards sur la tradition, Bibliophane, 1989.

OUAKNIN J. *De génération en génération. Être juif*, Bibliophane, 1989.

PATOCKA J. *Le Monde naturel comme problème philosophique*, coll. « Phaenomenologica », n°68, Nijhoff, La Haye, 1976.
Essais hérétiques sur la philosophie de l'Histoire, Verdier, 1981.
Platon et l'Europe, coll. « La nuit surveillée », Verdier, 1973.
La Crise du sens, tome I, « Comte, Masaryk, Husserl », Ousia, Bruxelles, 1985.
La Crise du sens, tome II, « Masaryk et l'action », Ousia, 1986.
Le Monde naturel et le mouvement de l'existence humaine, coll. « Phaenomenologica », n° 110, Dordrecht, Boston, Londres, Kluwer Academic Publishers.
Qu'est-ce que la phénoménologie ?, Millon, 1989.
PETITDEMANGE G. « L'écriture du désastre », in *Exercices de la patience*, n° 2, 1981.
« Adorno, la dissonance », *in Exercices de la patience*, n°s 3/4, 1982.
« Hegel et Rosenzweig, la différence se faisant », in *Les Cahiers de la nuit surveillée*, 1982.
« L'un ou l'autre, la querelle de l'ontologie Heidegger-Levinas » in *Les Cahiers de la nuit surveillée*, 1984.
« Philosophie et violence », in *Levinas, autrement que savoir*, Osiris, 1988.
« E. Levinas ou la question d'autrui », in *Études*, 1972.
« Éthique et transcendance », in *Recherches de sciences religieuses*, 1976.
« E. Levinas et la politique » in *Projets*, 1978.
PIEKARZ M. *Studies in Braslav Hassidism*, Bialik Institute, Jérusalem, 1972.
POPPER K. *La Société ouverte et ses ennemis*, tome I : « L'ascendant de Platon », Seuil, 1979 ; tome II : « Hegel et Marx », Seuil, 1979.

RENAUT A. *Le Système du droit*, P.U.F., 1986.
L'Ère de l'individu, Gallimard, 1989.
RENAUT A. et FERRY L. : voir FERRY L.
RICŒUR P. *De l'interprétation. Essai sur Freud*, Seuil, 1965.
Le Conflit des interprétations, Seuil, 1969.
La Métaphore vive, Seuil, 1975.
Temps et Récit, tome I, Seuil, 1983 ; tome II, 1984 ; tome III, 1985.
A l'école de la phénoménologie, Vrin, 1986.
Du texte à l'action. Essai d'herméneutique II, Seuil, 1986.
Livraison d'*Esprit* consacrée à P. Ricœur, avec un texte de celui-ci sur « L'identité narrative ».
ROSENZWEIG F. *L'Étoile de la Rédemption*, Seuil, 1982.

SARTRE J.-P. *L'Être et le Néant*, Gallimard, 1945.
L'existentialisme est un humanisme, Nagel.
SAUSSURE F. *Cours de linguistique générale*, Payot, 1980.
SCHOLEM G. *La Kabbale et sa symbolique*, Payot, 1975.
Les Grands Courants de la mystique juive, Payot, 1973.
Les Origines de la Kabbale, Aubier-Montaigne, 1966.
Le Messianisme juif. Essais sur la spiritualité du judaïsme, Calmann-Lévy, 1974.
Du frankisme au jacobinisme La vie de Moses Dobruska alias *Franz Thomas von Schonfeld* alias *Julius Frey*, Seuil, 1981.
Le Nom et les symboles de Dieu dans la mystique juive, Cerf, 1983.
Sabbataï Tsevi. Le Messie mystique. Verdier, 1983.
SIBONY D. *Le Nom et le Corps*, Seuil, 1974.
La Haine du désir, C. Bourgois, 1978.
L'Autre incastrable, Seuil, 1978.
Le Groupe inconscient. Le lien et la peur, C. Bourgois, 1980.
La Juive. Une transmission d'inconscient, Grasset, 1983.
L'Amour inconscient. Au-delà du principe de séduction, Grasset, 1983.
Jouissance du dire. Nouveaux essais sur une transmission d'inconscient, Grasset, 1985.
Perversions, Grasset, 1987.
Le Féminin et la Séduction, Le Livre de Poche, 1987.
Avec Shakespeare, Grasset, 1988.
Écrits sur le racisme, C. Bourgois, 1988.
Entre-deux, Grasset, 1991.
Le Vécu et l'invivable, Albin Michel, 1991.
Les Trois Monothéismes, Seuil, 1992.
SOLOWEICHIK Y.D. *L'Homme de la Halakha*, W.Z.O., Jérusalem, 1979.
STENGERS L. *La Nouvelle Alliance* (en coll.), Gallimard, 1979.

TAYLOR M.C. *Errance. Lecture de Jacques Derrida*, Cerf, 1985.
TRIGANO S. *Le Récit de la disparue*, Gallimard, 1977.
La Nouvelle Question juive, Idées-Gallimard, 1979.
La Demeure oubliée, Lieu commun, 1984.

VIDERMAN S. *La Construction de l'espace analytique*, Denoël, 1970.
Le Céleste et le Sublunaire, P.U.F., 1977.
Le Disséminaire, P.U.F., 1987.
VIGEE C. *L'Extase et l'Errance*, Grasset, 1982.
Pâque de la parole, Flammarion, 1983.
Le Parfum et la Cendre, Grasset, 1984.
La Faille du regard, Flammarion, 1988.

WAHL J. *Études kierkegaardiennes*, Vrin, 1974.
WEISS J.G. *Studies in Braslav Hassidism*
WIESEL E. *La Nuit*, Minuit, 1958.
Célébration hassidique, Seuil, 1972.
Célébration biblique, Seuil, 1975.
Contre la mélancolie, Seuil, 1982.

Un juif aujourd'hui, Seuil, 1977.
Paroles d'étranger, Seuil, 1984.

YERUSHALMI Y.H. *Zakhor, Histoire juive et mémoire*, La Découverte, 1984.

ZACKLAD J. *L'Être au féminin*, Verdier, 1981.
ZARADER M. *Heidegger et les paroles de l'origine*, Vrin, 1986.
La Dette impensée. L'héritage hébraïque de Heidegger, Seuil, 1990.

Commentaires sur la Tora :
ABRAVANEL AL HATORA, 3 volumes.
BAAL HATOURIM, de Yaacov ben Acher, Feldheim, 1971, 1 vol.
CHEM MICHMOUEL, Rabbi de Sokhorchov, 8 vol.
EMEQ DAVAR, R. Zvi Naftali Berlin, 5 vol.
GOUR ARIÉ, Maharal de Prague, commentaire sur Rachi, 5 vol.
HIRSCH, Chimchon Rafaël, en anglais et en allemand, 5 vol. ; en hébreu, 5 vol.
LEIBOWITZ, Néhama, *Béréchit-Chémot* (commentaires), Jérusalem.
MEKHILTA de Rabbi Ichmaël.
MIDRACH HAGADOL, M. Kook, 5 vol.
MIDRACH RABBA, édition Lévin-Epstein, 5 vol.
MIDRACH TANHOUMA, 2 vol.
NOAM ELIMÉLEKH, Mossad Harav Kook, 1978, 2 vol.
PERI TSADIQ, Rabi Tsadoq Hacohen, 5 vol.
QUEDOUCHAT LÉVI, R.L. Itshaq de Berditchev, 1 vol., 1958.
RABÉNOU BEHAYÉ, M. Kook, 3 vol., 1967.
RAMBAN AL HATORA, M. Kook, 2 vol., 1960.
SEFAT ÉMET, R. Alter Migour, 5 vol.
SIFRI, *Bamidbar et Dévarim*, édition Horowitz, Wahrman Books, Jérusalem, 1966.
TORA CHLEMA, Ménahem Kacher, antologie rabbinique, 32 vol.
TORA TEMIMA, R.B.L., Epstein, 5 vol.
TORAT KOHANIM.
TSAFNAT PANEAH, R. Yossef Rozen, édité par R.M. Kacher, 6 vol.

Talmud de Babylone :
ALBECK, M. Kook, 1952.
MICHNA, éditions courantes.
QUAHATI, édition Hékhal Chlomo, 1977, Jérusalem, 12 volumes.
TALMUD BABLI, édition Vilna, 1880, 20 volumes : en allemand, traduit par L. Golschmidt, 9 vol., Berlin, 1925 ; en anglais sous la direction de I. Epstein : 34 vol., Soncino, 1948 ; édition Steinsaltz : plusieurs traités (depuis 1967), en cours d'achèvement de parution.

Commentaires sur le Talmud :
BEN ICH HAÏ, *Ben Yéhoyadu*, 3 vol.
EIN YAAKOV, 3 vol. édition Vilna, 1894.
GAON DE VILNA, commentaire sur les *Aggadot* talmudiques.
MAHARAL DE PRAGUE, commentaire sur les *Aggadot* talmudiques.
MAHARCHA, dans les éditions courantes
MEÏRI, édition complète, 12 vol.
RACHI, dans les éditions courantes.
TOSSAFOT, dans les éditions courantes.

Ouvrages de Halakha :
CHOULHAN AROUKH, édition classique.
MAÏMONIDE, *Yad Hahazaqua, Michné Tora*, M. Kook, 1954, 20 vol.
MEQUOR HAYIM, 5 vol.
SDÉ HÉMED, 10 vol.
TOUR CHOULHAN AROUKH, édition classique.

Ouvrages de la Cabale, de hassidisme et de pensée juive :
BEN YISSAKHAR, 1868.
CHENE LOUHOT HABERIT, Amsterdam, 1698.
CHIOUR QUOMA de R.M. Cordovéro, 1 vol.
LIQOUTÉ AMARIM, *Tania*, 1 vol.
LIQOUTÉ HALAKHOT, R. Nathan de Braslav, 3 vol.
LIQOUTÉ MOHARAN, R.N. de Braslav, 1 vol. (avec index).
ŒUVRES DE RAV KOOK, *Orot Haquodech*, 3 vol.
ŒUVRES DE RABBI TSADOQ HACOHEN, en particulier : *Mahachavot Haroutz.*
PARDÈS RIMONIM, de R.M. Cordovéro, 2 vol.
QOL HANEVOUA, Rabbi David Hacoben, M. Kook, 1978.
SÉFER HABAHIR, édition M. Kook, 1964.
SÉFER YETSIRA, 1 vol.
TIQOUNÉ ZOHAR : édition M. Kook, 1 vol. ; édition *Hassoulam*, 2 vol. incomplet ; avec commentaire du Gaon de Vilna, 1 vol.
ZOHAR, édition M. Kook, 3 vol., 1964.

Concordances, dictionnaires, encyclopédies :
CONCORDANCE BIBLIQUE, S. Mendelkern, 1 vol.
CONCORDANCE TALMUDIQUE, Y. Kossofsky, 40 vol.
CONCORDANCE ZOHARIQUE, 4 volumes *(Otsar Hazohar)*.
DICTIONNAIRES : hébreu-français et français-hébreu de M. Kohn, Larousse, 2 vol. ; araméen-anglais, M. Jastrow, Soncino, 1 vol.
ENCYCLOPAEDIA JUDAÏCA (en anglais), Jérusalem, 1973, 16 vol. et suppléments annuels.

Remerciements

Un livre est une aventure à laquelle participent de très nombreuses personnes qui, par leur présence et leur écoute, par leurs questions, objections et encouragements, rendent possible le travail de la pensée et de l'écriture.

Les recherches de ce livre, menées dans le cadre du *Centre Aleph*, Centre de recherches et d'études juives, ont été présentées et approfondies sous forme de communications diverses, exposés, conférences et ateliers...

Que tous ceux qui ont accueilli avec compréhension et amitié ces méditations dans leur genèse balbutiante trouvent ici l'expression de mes remerciements et de ma reconnaissance.

Que Murielle, Rysia et Jacques Zehmour — avec qui je partage la même passion des images et des mots qui racontent l'histoire juive — lisent ici l'expression de mes sincères remerciements et de ma profonde et chaleureuse amitié.

Je tiens à remercier tout particulièrement Michèle et Claude Kaminsky, directeurs du Cours Spinoza, ainsi que Monique et Gérard Sander qui, année après année, par leurs talents, leur chaleureuse et généreuse amitié, ont su créer et offrir un lieu de rencontre pour ces recherches et enseignements.

Que tous ceux qui ont réussi à donner un caractère familial et amical à l'étude en accueillant chaleureusement chez eux cours et conférences trouvent ici l'expression de mes remerciements très amicaux :

Maurice et Danièle Biderman, Thérèse et Michel Edel, Arlette et Jacques Garih, Mary et Lazare Kaplan, Noëlle et Georges Meyer, Roland Meyer, Nicole et Sydney Ohana, Sylvie et Georges Pragier, Simone et David Susskind (CCLJ) et Pérèle Wilgowicz.

Je tiens aussi à remercier particulièrement Daniel Beresniak, directeur de collection aux éditions Jacques Grancher qui nous a donné son aimable autorisation de reproduire des extraits de notre livre *Ouvertures hassidiques* paru précédemment chez cet éditeur en 1990.

Nous tenons aussi à remercier Haïm-Henri Rosenblum et les éditions Marom qui nous ont autorisé aimablement à reproduire les extraits de l'ouvrage *L'Encrier du scribe* consacré à l'écriture des lettres hébraïques.

Que Danièle Carassik, première lectrice d'une partie de ce livre qui nous a aidé par ses remarques, critiques et conseils, trouve ici l'expression de mes très chaleureux et amicaux remerciements.

Mes remerciements vont aussi tout particulièrement à Mady et André Gabay et à toute la loge du Bnaï Brit de la Martinique présidée par le jeune et dynamique docteur Philippe Tenoudji qui m'ont accueilli pour un séjour studieux avec une chaleur et une amitié inoubliables.

Ces recherches ont aussi été rendues possibles par ceux qui ont permis le bon fonctionnement du Centre Aleph par leur aide généreuse ; mes amis, Mimi et Max Benhamou, Arlette et Jacques Garih, Max, David et Bernard Jessner, Claudie et Raymond Danziger. Que tous voient en ces lignes l'expression de mon amitié et de ma reconnaissance.

M.-A.O.
Paris, le 10.07.1992

Table des matières

EXTRAITS DU CATALOGUE

Spiritualités vivantes / poche

78. *L'Arbre de vie. Introduction à la Cabale*, Z'ev ben Shimon Halevi.
95. *À Bible ouverte, Tome I,* Josy Eisenberg et Armand Abécassis.
101. *À Bible ouverte, Tome II,* Josy Eisenberg et Armand Abécassis.
107. *À Bible ouverte, Tome III,* Josy Eisenberg et Armand Abécassis.
116. *Le Puits d'eaux vives. Entretiens sur les Cinq Rouleaux de la Bible,* Claude Vigée et Victor Malka.
180. *Etty Hillesum. Un itinéraire spirituel (Amsterdam 1941-Auschwitz 1943)*, Paul Lebeau.
183. *Les Psaumes*, traduits et présentés par Patrick Calame et Frank Lalou.
185. *Moïse*, Jean Blot.
191. *La Rose aux treize pétales. Introduction à la Cabbale et au judaïsme*, Adin Steinsaltz.
195. *Introduction au Talmud*, Adin Steinsaltz.

Espaces libres

35. *Le Christ hébreu. La langue et l'âge des Évangiles,* Claude Tresmontant.
40. *Jésus raconté par le juif errant,* Edmond Fleg.
71. *Moïse raconté par les Sages,* Edmond Fleg.
77. *Le Livre des prénoms bibliques et hébraïques,* Marc-Alain Ouaknin et Dory Rotnemer.
99. *Un juif nommé Jésus. Une lecture de l'Évangile à la lumière de la Torah*, Marie Vidal.

Albin Michel Spiritualités / Grand format

La Foi des prophètes, Martin Buber, préface de Dominique Bourel.

Sagesse des sens. Le regard et l'écoute dans la tradition hébraïque, Catherine Chalier.

Traité des larmes. Fragilité de Dieu, fragilité de l'âme, Catherine Chalier.

La Sagesse dansante de Rabbi Nahman. Biographie d'un maître hassidique, Arthur Green.

Chalom Jésus ! Lettre d'un rabbin d'aujourd'hui au rabbi de Nazareth, Jacquot Grünewald.

L'autre Messie, Israël Knohl.

Les Chemins de la kabbale, Moshé Idel et Victor Malka.

Le Grand Livre du Cantique des cantiques, Frank Lalou et Patrick Calame.

Les Neuf portes du ciel. Les secrets du hassidisme, Jiri Langer.

Jésus rendu aux siens, Salomon Malka.

Judaïsme et franc-maçonnerie. Histoire d'une fraternité, Luc Nefontaine et Jean-Philippe Schreiber.

L'Aventure prophétique. Jonas, menteur de Vérité, Ruth Reichelberg.

Les Dix Commandements, Joseph Sitruk, Jean-Charles Thomas et Dalil Boubakeur, Alain Mamou-Mani.

Le Juif Jésus et le Shabbat. Une lecture de l'Évangile à la lumière de la Torah, Marie Vidal.

Treize Inconnus de la Bible, Claude Vigée et Victor Malka.

Les Fleurs de soleil, Simon Wiesenthal.

Présences du judaïsme / poche

1. *Être juif à Amsterdam au temps de Spinoza,* Henry Méchoulan.
2. *Théodore Herzl*, Alain Boyer.
3. *Rachi de Troyes*, Simon Schwarzfuchs.
4. *La Polémique chrétienne contre le judaïsme au Moyen Âge*, Gilbert Dahan.
5. *L'Hébreu, 3 000 ans d'histoire*, Mireille Hadas-Lebel.
6. *Les Juifs du Pape*, René Moulinas.
7. *Martin Buber*, Pamela Vermes. Avant-propos d'Emmanuel Lévinas.
8. *Le Judaïsme dans la vie quotidienne*, Ernest Gugenheim.
9. *Les Juifs à Paris à la Belle Époque*, Béatrice Philippe.
10. *Les Caraïtes*, d'Emanuela Trévisan-Semi.
11. *Les Juifs dans l'Espagne chrétienne avant 1492*, Béatrice Leroy.
12. *Lévinas, l'utopie de l'humain*, Catherine Chalier.
13. *Les Juifs dans le monde au tournant du XXIe* siècle, Doris Bensimon.
14. *Être juif au Maghreb à la veille de la colonisation*, Jacques Taïeb.
15. *Massada, histoire et symbole*, Mireille Hadas-Lebel.
16. *Albert Cohen ou Solal dans le siècle*, Jean Blot.
17. *L'Opinion juive et l'affaire Dreyfus*, Philippe E. Landau.
18. *Moïse Mendelssohn. Un penseur juif à l'ère des Lumières*, David Sorkin.
19. *Abravanel. Conseiller des princes et des philosophes*, Roland Goetschel.
20. *Jérusalem,Trois millénaires d'histoire*, Renée Neher-Bernheim
21. *Juda Halévi, d'Espagne à Jérusalem, 1075-1141*, Masha Itzhaki.
22. *La Terre sainte au temps des kabbalistes*, Gérard Nahon.
23. *Être juif en Chine*, Nadine Perront.
24. *Être juif en Provence au temps du roi René*, Danièle Iancu.
25. *Hillel. Un sage au temps de Jésus*, Mireille Hadas-Lebel.
26. *Le Yiddish. Histoire d'une langue errante*, Jean Baumgarten.

Présences du judaïsme / grand format

Les Temps du partage, Tome I, Les Fêtes juives de Pessah à Tich'a Be'ab, Armand Abécassis.

Les Temps du partage, Tome II, Les Fêtes juives de Roch Hachanah à Pourim, Armand Abécassis.

À Bible ouverte, Tome IV, Jacob, Rachel, Léa et les autres, Armand Abécassis et Josy Eisenberg.
La Parole et l'écrit, Tome I, Penser la tradition juive aujourd'hui, Léon Askénazi.
Le Temps désorienté, Colloque des Intellectuels Juifs.
L'Idée d'humanité, Colloque des Intellectuels Juifs.
Difficile justice. Dans les traces d'Emmanuel Lévinas, Colloque des Intellectuels Juifs.
Comment vivre ensemble ?, Colloque des Intellectuels Juifs.
La Responsabilité. Utopie et réalités, Colloque des Intellectuels Juifs.
Le Corps, Colloque C.J.M.
Monothéismes et tolérance, Colloque du C.R.J.M.
À Bible ouverte, Tome V, Un Messie nommé Joseph, Josy Eisenberg et Benjamin Gross.
À Bible ouverte, Tome VI, Le Testament de Moïse, Josy Eisenberg et Benjamin Gross.
L'Homme debout, Essai sur la prière juive, Josy Eisenberg et Adin Steinsaltz.
Judaïsme au présent, Emil Fackenheim.
Science et Tradition d'Israël, Jacques Goldberg.
Écrits. Le Renouveau de la pensée juive en France, Jacob Gordin. Préface de Léon Askénazi.
Le Messianisme juif dans la pensée du Maharal de Prague, Benjamin Gross.
Que la Lumière soit. «Ner Mitsva» du Maharal de Prague, Benjamin Gross.
Les Lumières du retour. «Orot haTeshuva» du Rav Kook, Benjamin Gross.
Les Portes de la Loi, Ernest Gugenheim.
Le Judaïsme dans la vie quotidienne. Études et responsa, Ernest Gugenheim.
Difficile Liberté. Essai sur le Judaïsme, Emmanuel Lévinas.
Le Talmud et ses Maîtres, Tome I, David Malki.
Le Talmud et ses Maîtres, Tome II, Les Sages du Yabneh, David Malki.
Éthique juive et modernité, Alexandre Safran.
Israël et ses racines, Alexandre Safran.
Hommes et Femmes de la Bible, Adin Steinsaltz.
Le Maître de prière. Six contes de Rabbi Nahman de Braslav, Adin Steinsaltz.
Les Églises, diaspora d'Israë ? Jean Vassal.

Carnets de sagesse

Paroles de sagesse juive, Victor Malka.

La composition de cet ouvrage
a été réalisée par Charente Photogravure,
l'impression et le brochage ont été effectués
sur presse Cameron
par **Bussière Camedan Imprimeries**
à Saint-Amand-Montrond (Cher),
pour le compte des Éditions Albin Michel.

Achevé d'imprimer en mai 2003.
N° d'édition : 21777. N° d'impression : 032087/1.
Dépôt légal : septembre 1992.

Imprimé en France